GEORGES RODENBACH

L'ÉLITE

ÉCRIVAINS — ORATEURS SACRÉS
PEINTRES — SCULPTEURS

DEUXIÈME MILLE

PARIS
BIBLIOTHÈQUE-CHARPENTIER
EUGÈNE FASQUELLE, ÉDITEUR
11, RUE DE GRENELLE, 11

1899

L'ÉLITE

EUGÈNE FASQUELLE, ÉDITEUR, 11, RUE DE GRENELLE

OUVRAGES DU MÊME AUTEUR
DANS LA BIBLIOTHÈQUE-CHARPENTIER
à 3 fr. 50 le volume.

Le Règne du Silence (Poème).	1 vol.
Musée de Béguines.	1 vol.
Les Vies encloses (Poème).	1 vol.
Le Carillonneur.	1 vol.
Le Miroir du Ciel natal (Poème).	1 vol.

Il a été tiré de cet ouvrage :

Dix exemplaires numérotés à la presse, sur papier de Hollande.

PARIS. — IMP. FERD. IMBERT, 7, RUE DES CANETTES.

GEORGES RODENBACH

L'ÉLITE

ÉCRIVAINS. — ORATEURS SACRÉS
PEINTRES. — SCULPTEURS.

Deuxième mille

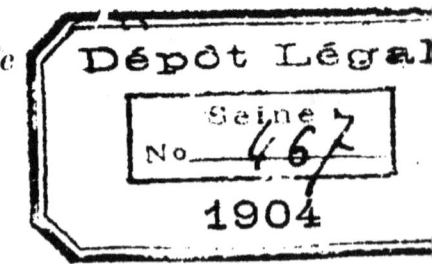

PARIS
BIBLIOTHÈQUE-CHARPENTIER
EUGÈNE FASQUELLE, ÉDITEUR
11, RUE DE GRENELLE, 11

1899

ÉCRIVAINS

BAUDELAIRE

Il semble que Baudelaire ait prévu son propre cas quand il écrivit : « Les nations sont comme les familles : elles n'ont de grands hommes que malgré elles. »

En effet, il est surprenant de penser qu'on le conteste encore, que les critiques le dénaturent, que les anthologies le négligent, qu'on le tient tout au plus pour un poète étrange, malsain, stérile en tout cas.

Mais l'opinion finale sera de le mettre enfin au premier rang où règnent Lamartine et Victor Hugo, qu'on cite toujours, en l'omettant. L'œuvre de ceux-ci fut en horizon ; le génie de Baudelaire est en profondeur.

Le génie de Baudelaire ! Affirmation prématurée et à laquelle on n'est pas accoutumé. De son vivant, il fut méconnu ou mal connu ; des erreurs, des interprétations fausses masquèrent son œuvre, et il mourut, ne prévoyant pas lui-même dans quelle lumière de gloire elle finirait un jour par se dresser — pauvre évêque décédant au seuil de son sacre sans avoir vu tomber les échafaudages de ses tours. Aujourd'hui, cette œuvre commence à apparaître comme une cathédrale catholique qu'elle est vraiment.

Voilà ce que n'ont pas soupçonné les écrivains qui s'en sont occupés jusqu'ici : ni M. Brunetière ; ni M. Huysmans en ses pages colorées ; ni M. Paul Bourget, qui déclare Baudelaire un pessimiste, qu'il ne fut qu'improprement, et un mystique qu'il ne fut pas du tout ; ni même Théophile Gautier dans sa préface d'un style si merveilleux, sensuel, odorant, niellé, un style complexe comme une chimie, riche et faisandé comme une venaison, mais qui n'a dégagé que les aspects plastiques, pour ainsi dire externes de l'œuvre. Gautier était trop un artiste en couleurs et en décors, trop un païen, pour chercher le mystère intérieur du poème, son ressort philosophique et religieux.

Il est vrai que n'avait point paru encore l'ouvrage posthume de M. Crepet, contenant entre autres deux fragments inédits d'une sorte de confession, de journal intime : *Mon cœur mis à nu* et *Fusées*, qui nous permettent maintenant d'aller jusqu'à l'âme du poète, d'élucider toute son âme.

Baudelaire surgit dès lors un peu différent de ce qu'on l'a vu d'ordinaire. Il apparaît ce qu'il est essentiellement : un POÈTE CATHOLIQUE,

Certes, un homme de décadence toujours, au seuil de la vieillesse d'un monde, au seuil de ce qu'il appelle lui-même « l'automne des idées ». Mais cet homme de décadence demeure aussi tout imprégné de l'Église. Parmi les vices modernes et la corruption effrénée dont il subit la contagion, il continue à être le dépositaire du dogme, le dénonciateur du péché.

Déjà, au physique, il avait, paraît-il, une réserve sacerdotale, un air de pâle évêque qui, à vrai dire, serait déposé de son diocèse, mais moins pour des péchés de chair que pour le péché d'orgueil.

Il s'est exprimé d'ailleurs en un vocabulaire tout enrichi de liturgie, de bréviaires, de catéchismes, emmiellé de saint-chrême pour ainsi dire, inoculé même de latinité, ce latin d'église qu'il connut bien et aima jusqu'à en composer des strophes : *Franciscæ meæ laudes*, qu'il intercala dans son livre.

Ici il ne s'agit plus d'une vague religiosité comme celle de Chateaubriand et des romantiques, moins épris du dogme que du culte, de la pompe des offices, du cérémonial, du décor, d'une sorte de merveilleux chrétien.

Celui-ci était né avec le renouveau de l'architecture, ce retour au gothique et au style du moyen âge remis tout à coup en lumière par la splendide restauration de Notre-Dame.

Cette Notre-Dame de Paris, aussitôt accaparée par Hugo, on peut dire qu'elle fut l'arche d'alliance du romantisme. Mais Hugo, comme le roi David, se contenta de danser devant l'arche, avec Esmeralda et les bohémiennes du parvis.

Or la génération qui suivit entra, elle, dans Notre-Dame, se signa d'eau bénite, marcha vers le chœur, affirma son adhésion à la foi et aux mystères : c'était Barbey d'Aurevilly; c'était Hello; c'était Baudelaire. A vrai dire, leurs façons de se comporter dans Notre-Dame ne furent pas pour rassurer les officiants et les suisses, même quand ils s'approchaient de la Sainte Table : « — Vous devez communier le poing sur la hanche? » demandait Baudelaire à d'Aurevilly.

Ceux qui vinrent après eux devaient pousser plus loin, rétrograder tout à fait jusqu'à ce moyen âge dont Hugo avait montré le chemin. Eux étaient retournés à Dieu; leurs disciples retournèrent à Satan, qui est son pôle contraire. La magie se mêla à la religion, le grimoire à la prière. C'est ce qui explique ce recommencement actuel de l'occultisme, de l'ésotérisme, de la messe noire, de l'envoûtement, que nous voyons reparaître dans les beaux livres de M. J.-K. Huysmans, les traités spéciaux de M. de Guaita, les imbroglios de M. Péladan, — dernier avatar, suprême aboutissement du romantisme.

Ce sera une curieuse histoire à écrire que celle de ces sortes de catholiques : Barbey d'Aurevilly, Hello, Baudelaire, Villiers de l'Isle-Adam et, — plus récents, — MM. Huysmans, Verlaine, Léon Bloy, qui auront revendiqué avec des blasphèmes leur titre de croyants et eurent toujours l'air, dans leurs pratiques les plus ferventes, de s'essayer au sacrilège.

Quant à Baudelaire, il n'alla pas jusqu'au satanisme et à l'occultisme par lesquels ses continuateurs seulement devaient clore aujourd'hui ce cycle de l'idée catholique dans la littérature moderne.

Satan pourtant a une place dans son œuvre, mais pas différente de celle qu'il occupe dans l'ensemble du catholicisme lui-même. Baudelaire rédigea les *Litanies de Satan*, tandis que Barbey d'Aurevilly écrivait les *Diaboliques*. Il se contenta des postulations au Diable que connut déjà le moyen âge, — de quoi avoir aussi quelques visages de démons en gargouilles grimaçantes à son œuvre, ce qui n'empêche pas celle-ci, comme Notre-Dame elle-même, d'être une cathédrale, une église catholique, à l'image et à la ressemblance de son âme !

Car son âme est bien d'un poète catholique. Il dit quelque part dans son journal : « Ce qu'il importerait, c'est d'être un héros, ou un saint, pour soi-même », parole de définitif renoncement, de pessimisme doux comme celui de l'*Ecclésiaste*, qui implique la nostalgie et l'ambition du ciel. Il croit au ciel, en effet, au ciel pur et simple des fidèles, au naïf paradis de la ballade de Villon, « où sont harpes et luths », comme il le proclame dans la *Bénédiction* qui ouvre les *Fleurs du mal*. Il croit aussi à l'enfer, aux flammes réelles, au dam, aux brûlures éternelles; et, s'il en voulait tant à George Sand, c'est parce qu'elle avait nié l'existence de l'enfer.

Baudelaire croit au dogme intégral de l'Église, non seulement quant aux vérités de l'éternité, mais aussi quant aux vérités du temps. En même temps qu'il confesse ses mystères, il accepte ses doctrines politiques, ses attitudes sociales, son intransigeance vis-à-vis des revendications de la liberté et de la libre-pensée.

Lui aussi estime sans doute que la vérité est *une* et que l'erreur n'a pas de *droits* : que la tolérance est une faiblesse, si pas un renoncement. Dès lors, le crucifix ne doit plus être un arbre de paix, mais une arme de menace et de châtiment. Il répudie la théorie du pardon des offenses, de l'oubli des injures, de l'abdication des valeurs devant la masse sous prétexte d'égalité, toute cette religion humanitaire et molle qui fait arrêter le bras de Pierre par Jésus dans le Jardin des Oliviers et, dédaigneux de l'action, lui fait dire : « Celui qui frappe par le fer périra par le fer. »

La preuve s'en trouve dans cette pièce topique du *Reniement de saint Pierre* où il approuve le disciple d'avoir trahi, et où il condamne le Maître de sa mansuétude ou de sa peur :

Certes, je sortirai, quant à moi, satisfait
D'un monde où l'Action n'est pas la sœur du Rêve ;
Puissé-je user du glaive et périr par le glaive !
Saint Pierre a renié Jésus... il a bien fait !

Il a bien fait ! Il fallait frapper par le fer et s'imposer par la force. Ainsi éclate sa nature dogmatique, sa religion d'inquisiteur. Car c'est bien un catholicisme politique du xvie siècle que le sien, d'après lequel il faut s'imposer de force au peuple, puisque celui-ci est incapable de se gouverner et ne comprend que les coups, comme l'enfant et comme l'animal. Ce catholicisme autoritaire d'une part et, d'autre part, la doctrine libérale de Jésus, qui pouvait vouloir mais n'a voulu que pouvoir, sont mis en opposition de la même manière dans une admirable nouvelle de Dostoïewsky intitulée le *Grand Inquisiteur*, dont le poème de Baudelaire est tout le germe.

C'est à Séville, devant la cathédrale. Le Grand Inquisiteur, Torquemada, passe silencieux, avec un sourire énigmatique. Il a vu au coin de la place le peuple rassemblé faisant cortège à un homme qui vient de ressusciter un enfant. Cet homme est évidemment Jésus. L'Inquisiteur ordonne aux hommes du saint-office de le saisir et de l'enfermer dans les cachots. Le soir venu, il va visiter le prisonnier et lui faire son procès : « Pourquoi revient-il ? Est-ce pour leur susciter des embarras, maintenant que tout a été remis par eux en bon ordre ? Car il avait eu le tort de laisser aux hommes le choix et la faculté de croire. Pour eux, il n'y avait en vérité rien de plus insupportable que la liberté. » Et Torquemada ajoute : « Nous les avons débarrassés du fardeau d'être libres, du tourment d'avoir le libre choix dans la connaissance du bien et du mal. Nous avons *corrigé ton œuvre*, et c'est pourquoi nous seuls, gardiens du mystère, nous serons malheureux. »

C'est la théorie de Baudelaire ; ce qu'il appelait lui-même sa « religion travestie », car, dans le *Reniement de saint Pierre* et ailleurs encore, il se montre d'un pareil esprit autoritaire, avec une âme sombre et hautaine qui pourrait être celle d'un prélat intransigeant d'Espagne du xvie siècle, une âme qui ne s'égaye point aux choses fleuries et suaves du rituel, pour qui même la dévotion à la Vierge, poétisée ailleurs de cierges, de guirlandes, d'étoffes brodées et de joyaux, se transpose en un culte barbare et tragique, comme il apparaît en ce poème curieux, *A une Madone, ex-voto dans le goût espagnol* :

... Pour compléter ton rôle de Marie
Et pour mêler l'amour avec la barbarie,
Volupté noire ! des sept péchés capitaux,
Bourreau plein de remords, je ferai sept Couteaux
Bien affilés, et, comme un jongleur insensible,
Prenant le plus profond de ton amour pour cible,
Je les planterai tous dans ton Cœur pantelant,
Dans ton Cœur sanglotant, dans ton Cœur ruisselant !

* *
*

Baudelaire est un poète catholique. Son œuvre n'est que la mise en scène du drame originel de la Genèse. Elle raconte la grande chute, l'éternelle lutte qui est le fond de la religion, entre des comparants pareils : Dieu, l'homme, le Tentateur, et la femme, ici aussi l'alliée du Tentateur.

Satan d'abord ; pour le poète, il est toujours le Tentateur du Paradis terrestre, le Démon onduleux et menteur du commencement des temps. Mais, en cette société âgée et décadente, il a multiplié et perfectionné ses ingéniosités — et quelles autres ressources maintenant pour nous induire en péchés !

Les péchés modernes ? Ce sont précisément les « Fleurs du mal ». Baudelaire en a dressé la liste. Il les énumère avec une liberté que seul les mal clairvoyants ont pu juger licencieuse, à la façon dont Moïse énumère, dans le *Lévitique*, certaines abominations. Son œuvre est un examen de conscience de l'humanité présente.

Lui-même, certes, est un pécheur; il le confesse et avec componction. Il se contemple dans sa faute comme en un miroir brisé et s'y pleure.

Car son œuvre n'est pas seulement objective, elle est subjective aussi; et c'est ce qui la rend si pathétique : le poète confondu avec cette foule, marchant parmi cette foule en proie au péché, apparaissant tout couvert de son péché, en même temps que du péché des autres.

Partout la théorie catholique de la perversité originelle. Mais partout aussi la détestation des vices. Il les poursuit, il les dénonce à travers l'énorme capitale, ce fiévreux Paris qui est l'atmosphère chaude à merveille pour leur pullulement.

Ainsi, occasionnellement, il apparaît un poète parisien (on connaît la série de poèmes intitulés : *Tableaux parisiens*), après déjà Sainte-Beuve qui ne voyait dans la ville pécheresse que motifs de pittoresque et de mélancolie.

Baudelaire, lui, ausculte les passants, déchire leurs linges d'hypocrisie, découvre en eux des ulcères mentaux, des résidus de méchanceté, et aussi une flore de vices nouveaux, et tout le vin antique des purs sentiments, des pensées nobles, aigri, tourné en vinaigre et en eau, avec un tatouage de moisissure dans les âmes.

Il s'en afflige et il s'en épouvante, sans nulle complaisance pour le vice. « Le vice est séduisant, dit-il dans son *Art romantique*; il faut le peindre séduisant. » Mais il ajoute : « Il traîne avec lui des maladies et des douleurs morales singulières; il faut les décrire. » C'est ce qu'il a fait; partout on sent la détestation du mal, l'horreur des coupables ivresses. A la fin des *Femmes damnées*, il leur clame avec la dureté d'un Père Bridaine laïque, avec la menace indignée d'un prophète biblique :

Et votre châtiment naîtra de vos plaisirs.

* * *

Dans ce conflit redoutable de l'homme avec les péchés modernes, on peut dire qu'auprès de Satan, qui est présent partout, la femme apparaît toujours aussi, dans les *Fleurs du mal*, sans cesse l'alliée du Tentateur, comme dans le drame primordial de la Genèse.

Or c'est précisément par cette conception de la femme que Baudelaire se prouve plus clairement encore un poète catholique, et continue de suivre, pour la mise en scène de l'éternel drame humain, la version du catholicisme.

Son opinion est conforme aux séculaires préjugés de la littérature sacrée, puisque les saints Pères estiment que la femme est un vase plein de péché, et puisque Bossuet lui-même a écrit sur leur vanité cette phrase de suprême ironie : « Les femmes n'ont qu'à se souvenir de leur origine, et, sans trop vanter leur délicatesse, songer après tout qu'elles viennent d'un os surnuméraire où il n'y avait de beauté que celle que Dieu voulut y mettre. »

La femme est avant tout, pour les théologiens, une occasion de péché, et Baudelaire pense de même. Elle est, maintenant encore, l'alliée du Tentateur. Elle est elle-même le Tentateur. Et l'amour qu'elle nous offre a un caractère satanique. Le poète en trouvait la preuve dans l'habitude des amants — une habitude enfantine, inconsciente, mais vérifiée partout — de s'interpeller dans leurs jeux par des noms de bête : « Mon chat, mon loup, mon petit singe, grand singe, grand serpent... » De pareils caprices de langue, ces appellations bestiales témoignent d'une influence satanique dans l'amour. « Est-ce que les démons ne prennent pas des formes de bêtes? » demandait-il.

Et cela se voit, en effet, dans les tableaux des Primitifs et aussi dans ceux des petits maîtres du Nord, qui, peignant fréquemment des Tentations, celle de saint Antoine ou d'autres saints, représentaient toujours (Teniers et Breughel, par exemple) un vieil anachorète dans une grotte, assiégé par des bestioles chaotiques, des grenouilles à face humaine, d'inquiétants oiseaux dont le bec s'effeuille en pétales, formes fiévreuses où s'incarnent les démons.

Les femmes aussi semblaient à Baudelaire des incarnations de l'esprit du mal, n'ayant d'autre empire qu'à cause de notre originelle perversité, puisque la joie en amour, déclarait-il, provient de la conscience de faire le mal.

Pour le reste, il les trouvait médiocres vraiment : « J'ai toujours été étonné, dit-il dans son journal, qu'on laissât les femmes entrer dans les églises. Quelle conversation peuvent-elles avoir avec Dieu ? »

Cependant si la femme est amère et vaine, pourquoi l'aimer ? Voici : car toute l'œuvre de Baudelaire est raisonnée, logique, philosophique — certes la femme est le mal ; elle offre l'amour qui est le péché ; elle collabore donc à l'Enfer, mais qu'importe !

Qu'importe ! Si tu rends — fée aux yeux de velours,
Rythme, parfum, lueur, ô mon unique reine ! —
L'univers moins hideux et les instants moins lourds !

Qu'importe ! puisque le péché est un moyen d'oubli, et de sortir de soi-même et de la vie ! Précieux oubli pour Baudelaire, et les natures d'élite qui souffrent avec lui, exilées dans l'imparfait et qui voudraient entrer dès ici-bas dans l'Idéal.

Or comment entrer dans l'Idéal? Comment échapper au spleen? *Spleen et Idéal*, c'est le titre d'une partie importante des *Fleurs du mal*; c'est la devise même de la vie du poète, et comme les deux rives entre lesquelles sa pensée a gémi.

C'est donc pour oublier que l'homme accueille avec ivresse la femme quand elle lui apporte le fruit de sa chair : — ô Arbre de la Tentation, espalier des seins mûrs, chevelure enroulée en serpent câlin au tronc de son corps nu! Et, comme jadis au Paradis terrestre, elle nous murmure aujourd'hui encore, de sa voix spécieuse : « Mange, tu seras semblable à Dieu! »

**
* **

Mais la chair de la femme n'est pas le seul fruit d'oubli que le Tentateur nous offre. Il y a d'autres moyens désormais d'échapper au spleen, d'entrer de force dans l'Idéal. Voici le Vin, d'abord, qui promet d'éblouir de ses prestiges même les plus déshérités. Et plusieurs morceaux se suivent : le *Vin de l'Assassin*, le *Vin du Solitaire*, le *Vin des Chiffonniers*.

Puis les autres ivresses, les autres moyens d'échapper à soi-même : le Jeu, le Sommeil, le

Voyage, le Voyage surtout qui a si merveilleusement inspiré Baudelaire, servi par ses souvenirs personnels d'embarquement juvénile vers les Indes. En effet, il avait navigué très jeune, vers dix-huit ans, embarqué sur un vaisseau faisant voile pour Calcutta, afin, pensait sa famille, que ses idées fussent modifiées et sa vocation littéraire contrariée. Or ce voyage lui donna des impressions qui devaient constituer une des caractéristiques de son œuvre. On peut dire qu'il aura exprimé de façon définitive la poésie des ports, la navigation, les vents du large, les voilures, ce qu'il appelle les architectures fines et compliquées des mâts et des navires. C'est encore dans ces pays d'Orient qu'il prit le goût des parfums, dont ses strophes sont pleines, et se fit une éducation esthétique de l'odorat, à un moment où la littérature n'avait guère encore connu que l'esthétique de la vue.

Cette ivresssse du Voyage est brève comme les autres ; elle déçoit à son tour :

> ... Nous avons vu des astres
> Et des flots ? nous avons vu des sables aussi ;
> Et, malgré bien des chocs et d'imprévus désastres,
> Nous nous sommes souvent ennuyés comme ici !

Alors, quoi? N'y a-t-il aucun moyen de se sauver du Spleen dans l'Idéal, de réaliser dès ici-bas l'infini pressenti? Si! il y a vraiment des « Paradis artificiels ». Et Baudelaire a consacré à les décrire les deux notices qu'on connaît et qui sont parmi le plus profond et le plus neuf de son œuvre; celle du Haschisch et celle de l'Opium, à propos duquel avaient paru en Angleterre les extraordinaires confessions d'un mangeur d'opium par Thomas de Quincey, que Baudelaire traduisit en les analysant et développant.

Ces stupéfiants, voilà le moyen parfait et immédiat de fuir la vie, de satisfaire le goût naturel de l'infini, d'être semblable à Dieu. C'est la plus redoutable des offres du Tentateur moderne. Dans cette ivresse étrange, tout s'anoblit, s'idéalise, s'emparadise. On ne perd pas la conscience de soi. C'est une conscience déformée, sublimée. C'est le réel agrandi, divinisé, exagéré jusqu'aux confins du possible, jusqu'à la ligne d'horizon du ciel et de la mer. Est-ce encore l'eau, ou est-ce déjà le ciel? Est-ce encore la réalité, ou est-ce déjà le rêve?

Or c'était tentant surtout pour le poète pauvre, épris de dandysme, subtil esthète, qui tout de suite ainsi se trouvait transporté dans le luxe. Il y a un poème des *Fleurs du mal* : « Rêve parisien », qui raconte cette ivresse en chambre.

La notation est unique dans les *Fleurs du mal*, où nulle part il n'est fait une allusion directe au haschisch ou aux visions de l'opium. En cela il faut admirer le goût suprême du poète, uniquement préoccupé de la construction philosophique de son poème, de le dépouiller des contingences, en n'admettant des choses que leur portion d'éternité, leur transposition en infini.

Mais indirectement il y a la trace et le profit de la fréquentation de ces paradis artificiels : les déformations de la sensation, interversion des sens et ces fameuses « correspondances », si souvent signalées et imitées :

> Son haleine fait la musique,
> Comme sa voix fait le parfum !

Et ailleurs :

Il est des parfums frais comme des chairs d'enfants,
Doux comme les hautbois, verts comme les prairies...
Les parfums, les couleurs et les sons se répondent.

Personne n'a dit que cela était moins inventé que *vu*, vu par Baudelaire dans l'ivresse du haschisch, alors qu'à la seconde période, comme il l'a écrit lui-même, « arrivent les équivoques, les méprises et les transpositions d'idées. Les sons se revêtent de couleurs et les couleurs contiennent une musique. »

Un autre résultat du haschisch, c'est un alliage de mathématiques qu'on n'a guère signalé dans l'œuvre, et qui se rencontre si curieusement çà et là :

Dans les *Petites Vieilles* :

A moins que, méditant sur la géométrie...

Dans *les Sept vieillards* :

... Son échine
Faisait avec sa jambe un parfait angle droit.

Ainsi les mathématiques se lient à la poésie comme elles se lient à la musique, car l'ivresse du haschisch transpose, paraît-il, toute musique en chiffres, fait apparaître toute musique sur l'air nu comme une vaste opération arithmétique où les nombres engendrent les nombres.

Quoi qu'il en soit du profit que ces drogues savantes apportèrent à l'œuvre, elles n'en restent pas moins défendues, comme les autres moyens artificiels d'oublier la vie : le vin, le jeu, le voyage. Tous sont des fleurs du mal, des fruits de tentation, des inventions de Satan. Seule la Mort vient de Dieu. Elle est la conclusion logique de la vie et sera celle également du poème qui se termine par une série de sonnets, d'une analyse profonde : la *Mort des amants*, la *Mort des artistes*, la *Mort des pauvres*.

C'est le seul idéal à opposer au spleen, le seul remède qui ne trompe pas, cette pensée de la mort, — car le poète est croyant, et la mort ouvre sur le ciel, « ce lieu, dit-il, de toutes les transfigurations », le ciel où, dès le premier poème de son livre, il entrevoyait le trône réservé au poète :

> Je sais que vous gardez une place au Poète
> Dans les rangs bienheureux des saintes légions.

Voilà pourquoi le dernier poème des *Fleurs du mal* doit se clore, en toute logique, sur ce cri qui sonne enfin la délivrance :

O Mort, vieux capitaine, il est temps ! levons l'ancre !
Ce pays nous ennuie, ô Mort ! Appareillons !

*
* *

Comme on le voit, toute cette œuvre de Baudelaire est construite avec la logique, l'harmonie, les proportions, la hiérarchie de l'architecture, car on peut dire surtout de lui qu'il fut un cérébral, un *génie de volonté*.

La plupart s'étonneront de cet accouplement de mots, imaginant le génie plutôt inné, inconscient, un don, un jaillissement inlassable, une puissance verbale allant jusqu'à être comme le vent, la mer, le feu, faisant de l'homme une sorte d'élément.

Soit ! mais, même dans cette hypothèse,

n'est-ce pas un élément aussi, la poudre toute réduite qui pourrait faire explosion, avoir la puissance d'un cyclone? N'est-ce pas un élément, la fiole d'essence prestigieuse dont les gouttes sobres sont distillées avec les fleurs de toutes les latitudes? Baudelaire fut, en poésie, le chimiste de l'Infini, et, dans les cornues de ses vers, tout l'univers aussi se condense, aboutit.

Il est donc un homme de génie, pour qui démêle le sens symbolique de ses livres. Mais bien peu, aujourd'hui encore, peuvent oser un tel avis. Que dire de l'opinion qu'il suscita de son vivant et de l'accueil fait à son œuvre? Succès d'étrangeté, presque de scandale. « Des essais », comme déclara la *Revue des Deux-Mondes* dans une note restrictive, quand elle publia quelques fragments en primeur.

En vain Baudelaire aurait-il voulu s'imposer, expliquer. « Il est inutile d'expliquer quoi que ce soit à qui que ce soit », disait-il avec découragement, convaincu de la bêtise du monde, la *bêtise au front de taureau.*

Or c'est précisément le mépris de l'humanité qui le mena à ce goût de la mystification, un peu puéril, au fond, et dont on lui fait tant grief, mais qui s'explique dans son cas, et par lequel il se vengeait d'aller incompris et seul dans la vie. Il faut dire, à sa décharge, que presque tous les écrivains de sa génération eurent, comme lui, cet amour du mensonge. Ce fut une mode, comme l'affectation de costumes ostentatoires. Balzac lui-même, dans cette toute cérébrale passion pour l'Étrangère, ne faisait qu'aimer un mensonge, le concrétiser dans une forme de femme inconnue, c'est-à-dire dans quelque chose qui était comme s'il n'existait pas. Dernier avatar du romantisme, pourrait-on dire, et de la lycanthropie de Pétrus Borel, s'obstinant à des attitudes pour étonner le vulgaire, et se survivant comme en un sport mental.

On peut considérer de la sorte telles mystifications laborieuses de Baudelaire, qu'il exerçait jusque vis-à-vis des humbles et des inoffensifs. Par exemple, passant un soir devant la boutique d'un charbonnier, il le vit, dans une pièce du fond, assis avec sa famille autour d'une table. Il semblait heureux; la nappe était blanche; le vin riait dans les flacons. Baudelaire entra. Le marchand vint vers lui, obséquieux, joyeux d'un client, attendant la commande.

— C'est à vous, tout ce charbon? demanda-t-il.

L'homme fit signe que oui, ne comprenant pas.

— Et toutes ces bûches alignées?

L'homme acquiesçait encore, croyant l'acheteur indécis.

— Et cela, c'est du coke? c'est de la braise? Ils vous appartiennent aussi?

Baudelaire examinait avec soin toutes les marchandises entassées ; puis, dévisageant le charbonnier :

— Comment? C'est à vous, tout cela! *Et vous ne vous asphyxiez pas ?*

Des mystifications de ce genre (et on en raconte de nombreuses, plus ou moins authentiques) étaient sans doute le résultat d'un entraînement, un jeu de solitaire et d'incompris. A l'origine, Baudelaire dut y trouver un moyen de se mettre en garde contre la bêtise qui aurait pu rire de lui, ne le comprenant pas. Il prit l'avance et, le premier, se moqua. Ce fut une sorte de légitime défense.

Car, après avoir reconstitué l'âme foncière de ce poète, on songe : « Comme il s'est trouvé en exil dans la vie ! Il a marché vraiment parmi des étrangers. Il n'a pas parlé la même langue que les autres. Sa conversation naturelle devait paraître à beaucoup inintelligible ou ridicule, ses raffinements de pensée et de langue ahurir autant que ses mystifications. »

C'est qu'il a considéré la vie au point de vue de l'Éternité. Il n'a pas été pareil aux autres ; il n'a pas été conforme, ce qui est le grand crime, comme il disait lui-même. De là son destin maudit, son génie insoupçonné, sa vie lamentable, en proie à l'affront, à l'ignorance, à la pauvreté.

Quel contraste avec l'existence féerique d'un Hugo qui, après soixante années d'acclamations, est porté en triomphe dans la mort comme un héros de Wagner! C'est que Hugo, Lamartine, presque tous les poètes français du siècle, eurent une nature telle qu'ils ont pu véritablement *épouser la foule.*

Ses passions, ses tristesses, ses joies, ses croyances, — politique, patrie, amour, tous les grands lieux communs de l'humanité, ils les ont partagés. Chacun d'eux fut vraiment un « écho sonore » au centre de tout.

Quant à Baudelaire, il est exceptionnel : il représente l'élite en face du nombre ; en regard des faits, il est la loi ; il conçoit l'ordre de l'Univers et méprise le désordre des événements. Lui est incapable à jamais de pouvoir épouser la foule. Il est si différent d'elle, si différent des autres, — et toujours égal à lui-même ! Il est l'être dépareillé. Il est unique de son espèce. Il est le grand célibataire, ainsi qu'il est dit dans *Maldoror* de l'Océan. Mais n'est-ce pas la gloire de l'Océan de n'avoir point d'équivalent ? — comme c'est aussi la gloire de Dieu. Dieu est celui qui est le seul. Et l'on pourrait dire la même chose de l'homme de génie.

LES GONCOURT

La collaboration des frères de Goncourt pour une seule œuvre apparaîtra dans l'histoire littéraire un fait unique et, en même temps, extraordinaire, puisqu'ici le fait humain s'égala au fait divin : un écrivain en deux Personnes, le mystère de la Sainte Dualité. Leur renommée ne s'établit qu'avec peine. C'est le cas de tous les novateurs, en art comme en religion. Ils n'ont autour d'eux, à l'origine, que les douze disciples, qui conquerront le monde ! Jules de Goncourt connut seulement, lui, le Jardin des Oliviers, la sueur de sang, la mort crucifiée... La difficulté du triomphe s'en augmenta. Pourtant on reconnut que le mort était un dieu. Quant au survivant, qu'allait-il advenir ? Certes, sa vie était dépareillée ; mais il avait gardé *leur âme une*. L'œuvre continua.

Edmond de Goncourt se remit au travail, seul, menant plus haut une des tours jumelles de cette cathédrale, tandis que l'autre demeurait inachevée dans l'air. Il produisit alors une série d'ouvrages personnels. Ce fut le récit même de la mort de Jules, dans le *Journal*, d'un pathétique qui tire les larmes, d'une évocation qui va jusqu'aux nuances de l'agonie sur le visage, jusqu'aux reflets des cierges et des roses mortuaires dans les miroirs. Ce fut encore ce livre exquis : *la Maison d'un Artiste*, écrit en un style qui se pique au jeu, s'exaspère, lutte contre les modèles, se colore en estampes japonaises, s'affine ou se trame en bijoux et en tapisseries du xviiie siècle. Enfin ce furent quatre admirables romans nouveaux : *La Faustin*, *Chérie*, *la Fille Élisa*, et surtout *les Frères Zemganno*, où se raconte allégoriquement la vie des deux écrivains. On peut démêler ainsi le mystère de leur collaboration. Ces deux clowns, dont l'un rêve « un nouveau tour », que le plus jeune exécute jusqu'à ce qu'il s'en tue, c'est eux-mêmes. Pour Nello il n'y avait rien de bien que ce que faisait Gianni. Car Nello, l'aîné, avait la plus grande part dans la réflexion et l'action intellectuelle. Le second se distinguait par un « balancement plus grand de la pensée dans le bleu, plus bohémien de la lande et de la clairière et, par cela, plus poète, mais plus paresseux d'esprit ».

Précieux renseignement. Nous avions le secret désormais de cette association de deux hommes, l'un plus réfléchi, plus cérébral ; l'autre plus primesautier, dont la mère, à son lit de mort, avait joint les mains pour la vie sans se douter qu'elle les joignait pour l'œuvre et en faisait des jumeaux de la gloire.

Tout s'élucide maintenant : ils assemblaient de concert les matériaux, les documents : puis écrivaient tour à tour ou ensemble, gardant le meilleur de la version de chacun, fondant les deux textes souvent qui étaient déjà presque pareils. Cette similitude est toute naturelle quand on s'aime, — et qui s'aima mieux que ces deux frères? La ressemblance est le signe même et le miracle quotidien de l'amour. On en vient à penser ensemble, à penser la même chose. Est-ce que, au surplus, il n'arrive pas que, même physiquement, les amants finissent par se ressembler? C'est tout le secret de cette intime collaboration des Goncourt. Eux-mêmes le constataient dans leur *Journal* : « Jamais âme pareille n'a été mise en deux corps. » Ce n'étaient même plus deux âmes ressemblantes, mais une seule âme en un double être. Et les objets entraient et vivaient dans chacun et dans tous les deux à la fois, comme les objets qui sont entre deux miroirs face à face.

Néanmoins dans la vie des *Frères Zemganno* il apparaissait que Gianni, l'aîné, avait surtout des « dispositions réflectives ». C'est lui qui

sans cesse se trouva hanté par l'invention d'un
« nouveau tour ». Et il n'est pas hardi d'affirmer que, dans la collaboration des Goncourt, Edmond aussi fut principalement le novateur, celui qui toujours se préoccupa de trouver, de créer. N'en avons-nous pas une preuve catégorique dans la préface qu'il signe seul en 1879, où il annonce le projet d'un roman qui se passerait dans le grand monde et qui aborderait enfin « la réalité élégante » ? Là est le succès pour les jeunes, déclare-t-il, et non plus dans le *canaille littéraire*. N'est-ce pas une nouvelle voie ouverte, celle du roman mondain, qu'il inaugure lui-même ensuite, avec *Chérie*, et où devaient entrer, à son signe, M. Paul Bourget et ses continuateurs.

Cette préoccupation d'un « nouveau tour », d'un genre inédit, que Edmond de Goncourt réalisait ainsi par son dernier livre, les deux frères l'avaient eue dès le début et dès les premières œuvres qu'ils signèrent ensemble.

Ils furent des inventeurs, et dans des domaines multiples. Nous ne parlons même pas de leur résurrection du xviiie siècle ; ni de leur goût d'art, subtil et sûr, qui introduisit le japonisme en France. Nous parlons surtout du roman dont ils apportèrent une formule neuve et où ils infusèrent un élément nouveau : le *Moderne*. Déjà dans *Manette Salomon*, qui paraît en 1867, Chassagnol s'écrie : « Oui! oui! le moderne, tout est là!... Tous les grands artistes, est-ce que ce n'est pas de leur temps qu'ils ont dégagé le Beau? »

Or les Goncourt avaient commencé par aimer le xviiie siècle.

Est-ce par aristocratie, amour d'une civilisation joliette, enrubannée et poudrée, pitié pour celles dont le sang tacha les falbalas?

Est-ce par atavisme, affinité avec ce grand-père de l'Assemblée nationale et les autres ascendants qui furent des gentilshommes de l'ancien régime?

Oui ; mais ce fut aussi pour une autre raison, plus péremptoire et qui décida de tout. Par elle s'explique leur œuvre et la capitale innovation qu'ils apportèrent dans le roman : les Goncourt *étaient nés collectionneurs*. Or on n'est pas collectionneur par un penchant de l'esprit, une aptitude mentale. Cette disposition est un phénomène nerveux. Tous les collectionneurs sont ce que les physiologistes appellent des « tactiles », ayant l'esthétique du toucher, et réceptifs d'impressions d'art par le bout des doigts. Les Goncourt, de plus, avaient la vue aussi sensibilisée que le toucher. Même ils commencèrent par dessiner, faire de l'aquarelle, s'orienter vers une carrière de peintres. Aujourd'hui encore ne comprend-on pas, à voir l'œil extraordinaire du survivant, cet œil rond, vaste, comme taillé à facettes par la lumière changeante, qu'il est un œil merveilleusement impressionnable, un œil qui subit comme un attouchement le reflet des objets, un œil contre lequel est blotti un écheveau de nerfs transmettant vite, en une télégraphie magique, l'impression de couleur au cerveau, en même temps que les nerfs du tactile transmettent l'impression de la forme?

Donc ils étaient nés collectionneurs. Et ils recherchèrent avec volupté les bibelots, les dessins, les chiffons, les tapisseries, toute la babiole, toute la gloriole du siècle défunt que leur aristocratie aimait.

Après le décor, ce fut le tour d'autres objets plus décisifs : livres, manuscrits, papiers. Ainsi toute la vie du xviii° siècle renaissait entre leurs doigts fureteurs... On se penche sur l'eau pour ne cueillir que des fleurs, puis on s'intéresse aux crues, à la navigation, aux herbes sous-marines. On entrevoit au fond, des barques sombrées, des Ophélies dont on reconstituera la vie sentimentale avec leurs cheveux et ce que disent leurs bijoux.

Ainsi les collectionneurs furent amenés à écrire leurs *Portraits intimes du XVIII° siècle*, à en faire revivre toute l'histoire : l'amour, la femme, l'art; non seulement Watteau, Latour,

Chardin et les autres, mais aussi les grandes dames, les actrices. Et tout cela, non pas imaginé, deviné ou évoqué par soubresauts lyriques, à la façon des autres historiens souvent visionnaires, comme Michelet ou Lamartine ; tout cela prouvé, documenté, établi, au moyen de mille petits papiers, notes, correspondances, actes, pièces officielles, c'est-à-dire un travail minutieux et colossal de deux peintres prodiges qui auraient classé et tué des millions de papillons pour faire avec la poussière des ailes leurs vastes pastels.

Par un procédé de collectionneurs, ils avaient été les historiens du xviiie siècle.

Par le même procédé de collectionneurs, ils furent les grands romanciers de la seconde moitié du xixe siècle.

Et c'est en cela que consiste leur innovation décisive, leur originalité foncière. Ils sont les historiens de nos mœurs. Le roman, grâce à eux, n'est plus une fable, un agencement ingénieux d'aventures; c'est le tableau même du temps. C'est ce que les historiens du siècle prochain auraient fait, si eux-mêmes ne l'avaient pas tout de suite accompli.

Les collectionneurs qu'étaient les Goncourt collectionnèrent des documents sur leur propre temps. Et il ne s'agit pas seulement du décor de ce qui n'est qu'un cadre : Paris, les boulevards, les ateliers, les théâtres, etc.; il s'agit surtout de la façon de sentir, d'aimer, de penser, de mourir, en un siècle de chemin de fer, de Bourse, d'inventions, d'art quintessencié, de détraquements, d'électricité nerveuse. Voilà le moment important de l'Éternité qu'il fallait fixer et qu'ils fixèrent. Ils firent, dans la forme du roman, l'histoire contemporaine des mœurs, des êtres, des choses. C'est ce qu'ils appelèrent peindre le Moderne. Pour y réussir, ils eurent la chance de posséder une éducation classique assez incolore. Homère et Virgile ne les obsèdent pas. Leur antiquité, c'est le xviiie siècle tout au plus. Ils ne vivent pas avec les morts. Ils sont attentifs seulement à ce qui les entoure.

Ils collectionnent des frissons, des gestes, des bruits, des nuances de l'eau, des plis de vêtements, des cris de passion, des expressions de douleur, des maladies, tout ce qui est la vie et la mort de leur temps. Est-il étonnant, dès lors, qu'une seule page d'eux, au hasard, donne la sensation et pour ainsi dire l'odeur de l'air du siècle ?

Un jour, ce curieux artiste qu'est M. Félicien Rops nous disait que sa grande ambition avait été d'exprimer le « nu moderne », le nu travaillé d'hérédité anémiée, si différent des calmes torses d'un Corrège ou des grasses chairs fleuries d'un Rubens, ce nu décadent qui doit se percevoir, pour ainsi dire, sur un centimètre carré, comme un bout de l'étoffe humaine éraillée par les siècles, non plus sensuel, ni sexuel, mais plutôt raviné de vices héréditaires, marbré de péchés anciens, un nu douloureux et mystique, où se devinent l'éternel regret de l'Eden et surtout les détraquements de la névrose, l'épuisement du sang en de trop chères délices,..

De même, sur un centimètre carré de la littérature des Goncourt, on pourrait reconnaître le nu du siècle. Or, cela était inconnu dans le roman, qu'on n'imaginait pas capable de ces résultats où s'accroît son propre domaine. C'est-à-dire qu'il est devenu, grâce à eux, une sorte d'œuvre scientifique. L'affabulation consiste à arranger la réalité. L'artiste dispose les acquêts du collectionneur. Le roman est aussi de l'histoire. C'est une clinique tenue par un poète. Est-ce que Charles Demailly, Germinie Lacerteux, Mme Gervaisais, Chérie, Renée Mauperin, ne sont pas des passants et des passantes de notre époque, malades de la maladie qui nous tourmente tous plus ou moins ? Êtres impressionnables, sensitifs, que la musique fait pleurer, qui aiment les fleurs et les baisers tristes ! Tous ces personnages sont des nerveux ; ils sentent s'étirer en eux le terrible écheveau, et sont frères en Notre Mère la Névrose qui est la Madone de ce siècle. Des malades, dira-t-on! Mais ils sont les malades d'un trop subtil idéal, d'une délicatesse trop docile aux raffinements de l'art, de la musique, de l'amour, du clair de lune, des fards et des piments. Les nerveux? Ils sont malades d'être trop exquis. Ils expient pour avoir voulu se hausser aussi loin de l'homme primaire que celui-ci est loin des animaux.

Ce sont ces créatures rares qui vivent et souffrent dans les romans des Goncourt. En elles se résume — puisqu'elles sont l'élite — l'histoire du temps, ce temps fiévreux, orageux, nostalgique, que les Goncourt ont enclos dans leurs livres. Ceux-ci sont des monographies sur les milieux parisiens (puisque c'est là que le moderne atteint sa plus significative intensité), comme il y a les monographies de Le Play sur les ouvriers européens. Ce sont des travaux documentés qui évoquent le monde des peintres, celui des hommes de lettres, le peuple, les hôpitaux, les lupanars, les cirques, les salons. Sur chacun de ces milieux, les écrivains ont « collectionné » un à un des documents, comme s'ils n'étaient que les historiens des mœurs; voilà pourquoi l'anecdote a toujours été réduite au plus strict, puisqu'il s'agissait moins de raconter des aventures que de peindre des créatures contemporaines et de fixer la Vie Moderne.

Mais les Goncourt n'avaient pas seulement un tempérament de collectionneurs et d'historiens. Ils avaient avant tout une nature de poètes. Et c'est ainsi qu'ils n'ont jamais choisi que le *document artiste*. Ceci est très important et ne s'applique pas seulement aux détails mais à la conception même de leurs romans. C'étaient des imaginatifs aussi, féconds et puissants, qui prirent soin d'agrandir le sujet de chaque livre par des inventions personnelles. Le point de départ en est toujours minime : une simple anecdote d'hôpital racontée par Bouilhet est le germe d'où sortira l'admirable *Sœur Philomène*; la vie d'une domestique, libertine et hystérique, leur fera imaginer le type compliqué, la figure inoubliable de Germinie Lacerteux. Et ils ne s'en tiennent pas au simple sujet; ils prirent soin également de l'ennoblir par quelque idée générale qui le grandît au-delà de lui-même; non pas une idée sociale, ou religieuse, ou morale, laquelle n'est d'ordinaire qu'un lieu commun et ne convient qu'aux romanciers vulgaires, mais une *idée artiste* couronnant l'œuvre d'un nimbe de pensée souveraine, la surmontant d'une tour qui, au-dessus des documents, des matériaux, des pierres touchant le sol, règne dans l'au delà du ciel et y sonne des heures d'éternité à un cadran comme un clair de lune qui chante !

En veut-on des exemples ? Dans *Manette Sa-*

lomon, il ne s'agit pas seulement d'une étude du monde des peintres, ni même de la thèse que la femme nuit à l'art, détourne à son profit les sources vives de l'inspiration, les tarit contre son sein incertain comme le sable. Les Goncourt dressent bien au-dessus du sujet le thème du Nu, extasiement des yeux de peintres, caresse et lumières, brûlure aussi, idole de chair qui demande des cœurs saignants en ex-votos et des colliers de larmes.

Dans *Madame Gervaisais*, il y a aussi agrandissement au delà de l'histoire d'une vie. D'abord, l'influence d'une ville sur une âme. Les pierres *parlent*, les pierres de Rome où il y a de la poussière des siècles, de l'encens invétéré. Et puis, une autre idée dominante, qui est admirable et d'un symbolisme latent : l'héroïne meurt de trop de beautés, de trop d'émotions délicieuses, du rêve touché, d'avoir presque levé le voile d'Isis.

Enfin, dans les *Frères Zemganno*, ne s'agit-il pas moins de la destinée de deux clowns, du curieux milieu des forains et gens de cirque, que de deux écrivains unis pour l'œuvre de gloire et que la mort sépare derrière ce texte emblématique ?

*
* *

Mais ce n'est pas uniquement leur conception

neuve du roman qui assure la grandeur des Goncourt. C'est en même temps leur style, neuf aussi. L'un et l'autre importent pour réaliser un « nouveau tour », à l'instar du Gianni des *Frères Zemganno*. Il faut encore « l'effort d'écrire personnellement », comme a très bien dit Edmond de Goncourt lui-même. Oui ! une « écriture artiste », et de plus une écriture qu'on fasse sienne, tout de suite reconnaissable et qui donne à notre art comme une identité. C'est ce que Joubert, dans une lettre à Chateaubriand, appelait « avoir son propre ramage ».

Or qui s'est créé un style plus personnel, unique, que les Goncourt ? C'est là-dessus qu'on les chicane. Déjà Gautier disait en parlant de maints critiques et de la foule : « Le style *les* gêne ». Et il ne faut pas chercher d'autres raisons à certaines résistances vis-à-vis des Goncourt et à l'expansion lente de leur œuvre, trop écrite pour être jamais tout à fait populaire.

Dans leur style encore, se reconnaît bien la marque du moderne. Est-ce qu'il ne fallait pas, pour une humanité nouvelle, une nouvelle langue ? La leur est adéquate ; elle est bariolée, capiteuse, aiguë, retorse, une langue avec des chiffons, du nu, des bijoux ; une langue comme une foule ; une langue truffée d'argot, de termes d'ateliers et de coulisses, de termes techniques (leur nature de collectionneurs devait les mener à collectionner aussi des mots). Littérature de luxe, fardée et maquillée, pourrait-on dire, dont le style est bien le visage de la vie moderne, ajoutant du rouge, du noir, du bleu, des poudres et toute une chimie de couleurs pour exaspérer son charme de décadence, sa pâleur de nerveuse qui exigea trop de la vie et d'elle-même.

Ah! qu'il y a loin de la santé rose et calme des littératures classiques! Mais est-ce que la littérature d'une civilisation avancée ne doit pas avoir, comme celle-ci, sa beauté de nuances et d'artifices, ce qu'on pourrait appeler son charme de maladie, avec un rose fiévreux aux pommettes, qui a le ton du rose des couchants?

Qui prétendra la forêt plus belle au printemps, quand toutes les feuilles sont d'un vert unifié et, partant, monotone? Or, la langue est une forêt, disait déjà Horace. Notre littérature, aujourd'hui, touche à son automne; et n'en est-elle pas autrement somptueuse, avec ses millions de feuilles multicolores, qui sont du bronze, du sang, de la chair d'enfant, de la lie, de l'or, du fard, — palette prodigieuse avec laquelle il nous faut exprimer la fin de siècle où nous vivons.

C'est ce qu'on fait les Goncourt. Ils ont écrit — comme on peint : — à petites touches menues, accumulées ; les mots se superposent les épithètes se surajoutent, pour produire le ton, évoquer l'objet, camper le personnage, créer l'atmosphère.

Combien différente, l'ancienne manière d'écrire ! « Ils ont rompu, déclarait Banville, avec les pompeuses fadeurs de ce style soutenu qui, ainsi que le disait Michelet, étouffe, écrase lourdement, depuis deux siècles, la France de Rabelais, d'Agrippa d'Aubigné, de Régnier, de La Fontaine. » Et il ajoutait pittoresquement qu'ils pourraient s'installer avec cette enseigne : *Au Magasin des Images neuves.*

Car ce sont surtout des écrivains d'images, comme tous les grands écrivains, principalement dans notre siècle, qui aura produit avant tout une littérature de sensations. Or, une littérature de sensations est naturellement une littérature d'images. Celle du xviiie siècle, et même de la première moitié du nôtre, avec Stendhal, Mérimée, Benjamin Constant, n'est qu'une littérature d'idées, une prose abstraite appliquant ses plis raides et incolores sur des pensées, des arguments de raison ou de sentiment.

Tout à coup, Chateaubriand inaugure la littérature de sensation. Et tous les grands écrivains vont le suivre. Chateaubriand ici est précurseur, avec quelques phrases topiques, comme lorsqu'il dit, à propos de bestioles vues en Amérique, dépérissant parmi le soir tombant, dans une mare tarie, « qu'elles dégageaient une fine odeur d'ambre gris ». Curieuse sensation d'un odorat enfin aiguisé et qui établit des analogies imprévues. Les sens désormais sont ouverts. Précieux élément de nouveauté. Chaque sens sera une fenêtre qui laisse apercevoir un nouvel Univers. Non seulement les sens sont ouverts, mais on découvre qu'ils communiquent ; et c'est Baudelaire, qui, par ses « correspondances », dont l'ivresse du haschisch lui fut la révélation, nous initie à toute une série nouvelle de sensations, et par conséquent d'images :

Il est des parfums frais comme des chairs d'enfant,
Doux comme les hautbois, verts comme les prairies...

Les Goncourt apportent leur contribution dans ce grand renouveau. Ils ont écrit : *Idées et Sensations*. Ce pourrait être le titre de toute leur œuvre. Eux aussi possèdent enfin *l'éducation esthétique des sens*. Mais, chez eux, c'est l'œil qui prédomine ; littérairement, ils apparaissent surtout un œil, une rétine merveilleusement sensitive, un perspicace œil de peintre, qu'ils furent à l'origine, et ils vont rendre avec des mots tout le plus ténu et le plus fugitif des nuances d'êtres, de ciels, de décors, de passions. N'est-ce point comme un tableau de Claude Monet, cette « grande église ténébreusement violacée sur l'argent blafard du couchant » ? Ils furent des écrivains impressionnistes, avant même qu'il y eût des peintres impressionnistes.

Et cette sensibilité de la vue ne leur atténuait point celle de l'ouïe. La peinture de la phrase, chez eux, n'empêchait point le sens de sa musique. « La soirée frissonnante du friselis des feuilles », n'est-ce point une subtile allitération, comme celles où se complurent de récents poètes, préoccupés d'instrumentation, et que les Goncourt réalisaient bien auparavant avec le goût infaillible et l'instinct des grands écrivains?

Que de combats avec la phrase et le mot pour ces accomplissements magnifiques! Ah! ils les ont connues, ces affres dont gémissait le grand Flaubert! Et, de cette lutte, Jules de Goncourt tomba énervé, brisé à trente-neuf ans, tué, *mort à la peine du style*, comme l'a écrit le survivant.

Mais que de joies aussi! Ils les ont racontées, ces solitaires ivresses, « ce double et trouble transport cérébral », cette joie nerveuse de l'œuvre en train qui leur coupait l'appétit comme un chagrin et leur donnait, sur les pavés, l'impression de marcher sur un tapis. Admirables et émouvants aveux! Qui aima plus la littérature? Ce fut vraiment pour eux un amour. L'enivrement d'écrire, pour les artistes de race, est comme l'enivrement d'aimer.

O bonheur d'une telle passion pour les Lettres

sur qui les années ne peuvent rien ! Et c'est ainsi qu'Edmond de Goncourt apparut jusqu'au bout, militant, inspiré, fécond, faisant jouer des pièces, poursuivant son *Journal*, entreprenant une vaste histoire de l'Art japonais commencée par *Outamaro*, *Hokousaï*, et qui devait se poursuivre par l'étude d'autres peintres, de laqueurs, de sculpteurs, de brodeurs, de potiers. On aurait dit qu'il était dans le cas de cet Hokousaï lui-même, dont il avait publié la vie et qui, à un âge pareil, faisait encore de nouvelles conquêtes d'art, pénétrait dans le monde magique des oiseaux, des planètes, signant ses dessins : « Hokousaï, *vieillard fou de dessin.* » Edmond de Goncourt fut, lui, le *vieillard fou de littérature*, jusqu'à cette heure suprême où la mort le réunit enfin à son frère Jules dans le même tombeau et aussi dans la même immortalité, cette vie sans date où ils se survivront — jumeaux de la gloire !

STÉPHANE MALLARMÉ

Il faut souvent recourir à des éléments extérieurs : une maison, un portrait, un bibelot, pour reconstituer, élucider tout à fait la physionomie d'un grand homme, qu'il s'agisse d'un conquérant ou d'un poète. L'iconographie surtout est précieuse ici.

Est-ce que le *Napoléon au Pont d'Arcole* par Gros n'explique pas tout le jeune chef d'armée, piaffant de génie, ivre de gloire, comme le *Sacre* par David précise l'ordonnateur qui classifie, discipline sa cour comme un code, se hausse aux pompes emphatiques d'un nouvel Empire romain ?

Or de Mallarmé nous avons aussi deux portraits significatifs, qui portent chacun la signature d'un maître. L'un, plus ancien, par Manet, qui nous montre le poète assez voisin de nous encore, les traits vivement arrêtés, une moustache drue coupant le visage méditatif, et l'embrouillamini d'une vaste chevelure. Quelque chose d'inquiet et d'inquiétant, le visage soufré d'un orage intérieur, l'air foudroyé d'un Lucifer en habit moderne, comme le Baudelaire jeune peint par de Roy.

Puis voici l'autre portrait, récent, par M. Whistler, où le visage s'est estompé, ouaté. Le bleu très tiède des yeux s'embrume. La moustache aérée s'est fondue avec une barbe courte, en pointe, qui grisonne, et met un floconnement d'hiver au bas de ce visage, qu'on regarde comme un reflet, qui semble être vu dans un miroir, vu dans l'eau. C'est le poète comme il subsiste dans la mémoire, déjà en un recul, hors du temps, tel qu'il apparaîtra à l'avenir. A peine un geste de la main plus achevé et qui le rattache encore un peu à la vie, ce geste contourné, d'une inflexion qui lui est particulière pour tenir la cigarette ou le cigare, fumeur continuel qui ne veut pas cesser une minute de mettre de la fumée entre la foule et lui. Ainsi il s'isole, s'éloigne de la vie, appartient tout au Rêve.

« Un homme au Rêve habitué... », a-t-il dit de lui-même au seuil de la conférence — il faudrait dire l'oraison funèbre — qu'il consacra à son fidèle ami Villiers de l'Isle-Adam.

C'est cet homme du Rêve que M. Whistler a exprimé, c'est l'auteur visionnaire, énigmatique, de l'*Hérodiade* et de l'*Après-midi d'un faune*, tandis que le portrait de Manet concorde bien avec le sensitif, tragique et exaspéré coloriste des *Fenêtres* et de l'*Azur* :

« Je suis hanté ! L'azur ! L'azur ! L'azur ! L'azur ! »

Or, ici encore, ce sont les éléments extérieurs qui vont nous faire mieux comprendre l'œuvre. Ce cri d'une cervelle près d'éclater sous la cruauté d'un bleu implacable, c'est le poète jeté en plein Midi, allant vivre à Avignon durant des années (envoyé par l'Université), au sortir des brumes, des grises fantasmagories de Londres où il avait couru, sitôt adolescent et libre. Là, de secrètes affinités, la loi de son œuvre encore muette, sa meilleure destinée, l'avaient tout de suite aimanté. Il fallait qu'il se perfectionnât dans la langue anglaise, parce qu'il était voué à nous donner un jour ses admirables traductions de Poë, parce que surtout il devait allumer son âme à cette âme un peu jumelle... Poë avait donné la vraie formule pour le poème : « Il faut une quantité d'esprit suggestif, quelque chose comme un courant souterrain de pensée, non visible, indéfini... »

Cela équivaut à dire qu'il faut que le poème donne à rêver sur un sens à la fois précis et multiple ; ou encore qu'il ait en même temps plusieurs sens superposés. C'est peut-être ce qui caractérise le plus sûrement les grandes œuvres. Ce signe se trouve dans Poë. Il se trouve aussi dans Ibsen dont les drames ont également ce « courant souterrain »; et voilà pourquoi ils captivent à la fois le public ignorant et les artistes. Il y a dans eux, en réalité, deux pièces parallèles : l'une qui semble un drame ordinaire, un drame de la réalité et de la vie, se passe de plain-pied avec les âmes des spectateurs; l'autre, flottant dans les limbes de l'inconscience, le clair-obscur du mystère, ténèbres animées, brumes où on discerne la vie sous-marine de l'œuvre, où l'on voit comme les *racines des actes* et qui n'est visible que pour les initiés et les voyants.

Mallarmé, lui aussi, dans ses poèmes a tenté de suggérer le mystère et l'invisible. Or, pour suggérer une chose, il faut surtout ne pas la nommer. Aussi Mallarmé dit : « Je n'ai jamais procédé que par allusion. »

Cela ne va pas toujours sans des obscurcissements, parfois volontaires. Les excessifs raccourcis d'idées et d'images auxquels il se complait créent une optique spéciale. En tous cas, il est arrivé ainsi à faire de la poésie sobre, après tant de délayage et cette emphase déclamatoire, cette éloquence de strophes brandies qui est la mauvaise habitude héréditaire de la poésie française. Voici de la quintessence, le suc essentiel, un sublimé d'art, et, dans un flacon d'or pur, très peu d'essence — assez pour parfumer un siècle! — faite avec des millions de fleurs tuées. C'est une poésie de rêve, si différente de ces redondantes mélopées qu'on appelle la poésie lyrique, où, sans cesse, la tradition se maintint.

C'est pourquoi il faut à ce poète-ci apporter des yeux neufs qui ont laissé se démoder en eux le souvenir de tous vers lus. Les mots chez lui n'ont pas leur sens ordinaire. Est-ce que les mots ne sont pas fanés comme des visages? Mettons les mots en un tel éclairage qu'ils aient l'air fardé; et nous créons ainsi l'apparence d'une nouvelle langue, qui sera maquillée, faisandée, une vraie langue de décadence, conforme aux temps où nous sommes. Pauvres mots, qui ne disent plus rien, exténués du même sens proféré. Donc que les mots se taisent; le poète ne les considère plus que comme des signes qui, par la contexture, par la place occupée, par leur mariage avec tel autre précédemment haï, évoquent des sensations vierges, des sens imprévus. Tout est ellipse, tropes, inversions, déductions spécieuses, gestes convexes, reflets, dans des miroirs, de jardins qu'on ne voit pas. Parfois la condensation reste claire :

Mon âme vers ton front où rêve, ô calme sœur,
Un automne jonché de taches de rousseur...

Parfois le sens s'enchevêtre, s'assombrit. Une série de vocables rares, d'une lumière inquiétante et trouble, jonchée de pierreries uniques dont la signification n'est pas donnée, pour laisser rêver à quelque collier désenfilé de morte ou à quelque couronne, victime d'un rapt ancien, dont l'or s'est évaporé pour des crimes...

Mais n'importe! Est-ce que le diamant n'a pas aussi des feux seulement intermittents : goutte de lumière, bue à chaque instant ; clarté tournante d'un petit phare dans la nuit; étoile qui clignotte...

Et les poèmes de Mallarmé sont aussi des énigmes de couleur, ce dont la légitimité se prouve, dit-il lui-même, par ce fait que « en écrivant, on met du noir sur du blanc », comme le mystère sur l'évidence.

Quelques-unes des causes qui font ces admirables poèmes un peu rétractés et hermétiques, c'est, par exemple, la suppression fréquente de l'article, de la ponctuation, de toute conjonction. La syntaxe aussi est retorse, renversée, s'influence de la construction anglaise.

Car — nous le voyons de plus en plus — Mallarmé doit beaucoup à l'Angleterre : son goût du rêve, de l'au delà, son esthétisme, sa syntaxe enfin, sans compter son désir d'introduire partout l'art dans la vie qui provient de cette merveilleuse renaissance de l'art industriel en Angleterre, à laquelle collaborèrent Rosetti, Morris, Crane, tant d'inventifs et précieux artistes. Mallarmé y devait songer pour la France. Naguère il fonda et rédigea seul un journal qui s'appelait *La Dernière Mode*, où étaient promulgués les lois et vrais principes de la vie tout esthétique, avec l'entente des moindres détails : toilettes, bijoux, mobiliers, et jusqu'aux spectacles et menus de dîners. La poésie aussi, il rêverait de la faire entrer dans la vie, qu'elle s'inscrivît aux murs des appartements, aux vaisselles, aux bibelots ; il lui arriva d'en orner des éventails, l'éventail qu'il a si magnifiquement dénommé « l'unanime pli »

> Dont le coup prisonnier recule
> L'horizon délicatement.

Dans ces vers de grâce suprême, nous retrouvons (toujours pour expliquer l'œuvre par les milieux et les éléments extérieurs, selon la théorie de Taine) l'esprit très ataviquement et foncièrement français de Mallarmé. Hérédité de longue date, car ces lointains ascendants étaient ici de hauts fonctionnaires, et quelques-uns avaient déjà commerce avec le livre, tel celui qui fut syndic des libraires sous Louis XVI et dont le nom se retrouve au bas du privilège du Roi, dans cette édition originelle du *Vathek* français de Beckford, que le poète réimprima, avec le portail d'une préface neuve. Lui-même naquit à Paris en 1842, dans une rue qui s'appelle aujourd'hui passage Laferrière; et il est naturel, dès lors, qu'il apparaisse ainsi, par aboutissement, si tout à fait « vieille France ». Il a gardé la bonne grâce, une politesse infinie d'ancien Régime, une légèreté à manier la conversation, et quelle conversation plus lumineuse et florissante que la sienne : cristal et roses ! Toute la jeune génération littéraire l'a écouté comme un précurseur, comme un mage. Une voix savoureuse. Des gestes d'officiant. Et une parole inépuisablement subtile, anoblissant tout sujet d'ornementations rares : littérature, musique (il adore Wagner), art, et la vie, et jusqu'aux faits-divers, découvrant entre les choses de secrètes analogies, des portes de communication, des couloirs cachés. Ainsi l'Univers se recrée dans le poète. L'Univers est simplifié puisqu'il le résume à du rêve, comme la mer se résume, dans un coquillage, à une rumeur. Quelle ingéniosité sans fin, quelles trouvailles incessantes !

C'est surtout de la poésie que Mallarmé a discouru, avec exquisité et autorité, orientant les esprits, dogmatisant, approuvant avec des réserves ce que le jeune groupe des Décadents et des Symbolistes allait introniser dans la poésie séculaire.

« Il ne faut toucher que par moments au grand orgue de l'alexandrin », reconnaissait-il à son tour.

Pourtant, pour sa propre œuvre jusque dans ses plus récents vers, il se garda d'aucune innovation, maintint intacte toute la tradition quant aux mètres, aux césures, aux rimes. Son vers est un vers classique, pour ainsi dire.

C'est que la forme, en vérité, est question toute personnelle, changeante et secondaire. Mais il comprit pour lui-même, et enseigna, que le propre du vers est d'enclore uniquement le Rêve. De là sa grande influence à un moment où la Poésie en venait à rimer des contes, les anecdotes de la vie, de l'histoire, de l'amour. Or la poésie est « la langue d'un état de crise », proclama Mallarmé; elle ne doit pas vouloir servir à tout, être employée continuement.

Ces parfaits enseignements, une vie d'une noblesse, d'un désintéressement admirables, ont valu à Mallarmé — outre son œuvre — d'être salué par les écrivains nouveaux comme leur Maître et un chef d'École.

Influence glorieuse, encore qu'elle soit forcément passagère, car sans cesse les esprits dérivent, évoluent, se déprennent, changent, vont ailleurs, comme les vagues dans la mer!

En dehors de ce fait momentané, il y a un fait éternel : c'est la beauté, que nul âge ne fanera, de quelques-uns de ses poèmes : Les *Fleurs*, l'*Apparition*, l'*Hérodiade*, l'*Après-midi d'un faune*, et aussi de quelques poèmes en prose, si miraculeusement parfaits : *Plaintes d'automne*, *Frissons d'hiver*, *Le Phénomène futur* — c'est-à-dire presque tout le volume qu'il a appelé joliment *Florilège*, en triant et publiant ainsi quelque chose comme la définitive Anthologie de lui-même, sa flore choisie. Et c'est une flore, en effet, d'un art souverain et durable, faisant suite aux *Fleurs du mal* de Baudelaire. Celles-ci étaient déjà des fleurs de décadence, germées du bitume parisien, bouquet sentant le soufre et le sang, floraison satanique et cruelle, fleurs nées la nuit, mais quand même naturelles encore.

Les poèmes de Mallarmé sont des sensitives de serre, de la serre chaude d'un cerveau en fièvre, plantes à la croissance artificielle et violentée, fleurs de chimie, fleurs comme écloses d'un miroir, rares orchidées qui contiennent tout le Rêve en leur forme équivoque, aux interprétations diverses, et dont on ne sait si elle est un sexe ou un bijou.

LES ROSNY

———

Les Rosny ont renouvelé le cas des Goncourt, une collaboration fraternelle non moins féconde et déjà glorieuse aussi.

Pour les Rosny, il paraît que les romans du début appartiennent uniquement à l'aîné; mais c'est là un triage que l'avenir ne fera pas et qu'eux-mêmes, par leur signature unique, nous convient à négliger. Il est donc permis de considérer leur œuvre comme d'un seul écrivain. Disons alors que les Rosny sont *un* romancier d'admirable talent.

En quoi furent-ils originaux et vraiment des apporteurs de neuf? Voici.

⁂

Au fond, dans beaucoup de romans, il s'agit simplement d'une anecdote. C'est une pièce que l'auteur joue, dont les personnages ont été taillés, habillés par lui, sont des marionnettes où l'on entend sa voix. Guignol pour grandes personnes! Tantôt le drame ou la comédie est d'imagination pure, tantôt il est copié plus ou moins sur la réalité (roman romanesque ou naturaliste); mais toujours le rectangle de la scène termine le jeu géométriquement.

Avec les Rosny, l'art s'élargit. Le théâtre est de plein air. Plus de portants, de décors peints, tout le mensonge et toute la machination. Et plus ces fils simples faisant mouvoir les personnages, et qui n'aboutissent qu'aux mains d'un metteur en scène plus ou moins adroit. Les êtres vivent, marionnettes quand même, pauvres marionnettes humaines, plus infimes encore, mais plus tragiques, tenus par des fils toujours, mais des fils autrement émouvants, ceux des Forces et des Lois, ceux qui relient les créatures à la prodigieuse télégraphie aérienne, aux astres, aux semences de l'air, aux perles de la mer, aux cyclones aveugles, aux infiniment petits, aux embûches, à la mort toujours en route... Ainsi ils vivent, les frêles personnages du livre (et nous avec eux), d'une vie englobée dans l'immense gravitation cosmique. Chaque livre, dès lors, est plus qu'un roman; c'est en même temps le roman du règne animal et végétal; c'est un microcosme de l'univers. Si telle femme sanglote à la lune, on sent bien qu'elle subit la même loi que l'Océan dont la poitrine halète à l'unisson de la sienne. La lune l'influence comme lui, et c'est d'elle que dépend la marée rouge de son sang.

Tout est en communion dans la nature. Universel enchaînement! Forces surplombantes et inéluctables! Molécules fraternelles! C'est ce que les Rosny font sentir dans leurs œuvres. L'imagination ici se limite par la science, mais s'étend jusqu'à elle, comme un continent jusqu'à la mer. Or même dans l'intérieur des terres on sait, on devine, on entend, la grande pulsation lointaine des marées inexorables. Chez les Rosny aussi, autour des créatures il y a la création. De cette façon, le roman représente la vie intégrale, telle que peut la concevoir, telle que *doit* la concevoir un cerveau qui a reçu une éducation scientifique... Les personnages ne sont plus indépendants. Ils sont enveloppés, rattachés à la vie totale, à l'ensemble vertigineux de l'univers, petites lumières frêles dans un immense déploiement capricieux, vibrants organismes en proie aux forces, aux combats, aux conflits de la faim et de l'amour, aux ivresses du sang rafraîchi par des proies et par l'avril.

Drame éternel et monotone que ce drame de l'univers, soumis à la fatalité... Aux deux bouts de leur œuvre comme aux deux bouts de l'histoire, les Rosny nous montrent le triomphe du fort, l'imagerie lamentable de la théorie darwiniste et la société non moins cruelle que la nature. Car, après nous avoir évoqué dans leurs étonnants paysages et scènes préhistoriques le pauvre cerf élaphe, poursuivi par le lion, par le *felis spelæa*, puis broyé et dévoré, ils nous montrent, aussi épouvantée et apitoyante que le cerf élaphe, la pauvre Nelly en fuite dans ce Londres actuel où la traquent d'autres monstres, la faim, la prostitution.

Toujours la même angoisse dans l'éternelle gravitation : le vertige du ciel, par-dessus soi ; la terre finale, par-dessous ; et, tout autour, les tableaux naturels : l'eau, les herbes, les pollens d'amour, le poison caché, la mort qui rôde, mille embûches parmi les fleurs, la désagrégation, un va-et-vient de molécules dont nous sommes, pour une minute anxieuse, l'éphémère colonie !

*
* *

C'est déjà beaucoup, que cette conception scientifique du roman, c'est-à-dire ne voir les êtres — dans le livre comme dans la vie — que liés à tout le ténébreux mécanisme du cosmos. Ceci, au fond, constituait la dernière application de la méthode naturaliste. Voir scientifiquement des types et des caractères n'est pas autre chose que les voir plus juste et dans la vérité absolue. C'est du réalisme transcendantal, poussant sa formule jusqu'à l'évidence des mathématiques et des analyses intégrales.

Déjà, auparavant, le réalisme en peinture, désireux de faire vrai, de voir juste, de fixer le ton exact, eut recours à la science aussi. L'école impressionniste et celle du pointillé ont emprunté aux expériences de Rood, aux études de Chevreul leur technique du ton simple, du ton fragmentaire, pour éviter tout acheminement vers le noir et fixer mieux sur les toiles la lumière. Or vouloir rendre la lumière, c'est vouloir faire vrai. C'est encore du réalisme. Et M. Claude Monet avec Seurat dérivent logiquement de Courbet par Manet.

La peinture en est restée là. Le roman, appuyé sur la science, aurait pu n'aboutir aussi qu'à cette étape; la science, avec son surplus d'enquête, eût engendré simplement, dans ce cas, un réalisme supérieur. Le roman, ainsi que la peinture, aurait désormais présenté, non plus les êtres isolés, mais aussi le milieu où ils s'agitent, *leur atmosphère*, sans rien de plus cependant.

Or il s'est fait que les Rosny, en même temps qu'un esprit de science et de généralisation, possédaient les dons du poète, et, du coup, ils agrandirent cette conception scientifique de la vie aux proportions d'une sorte de foi lyrique et de culte ébloui.

On peut dire qu'ils ont créé dans la littérature un *merveilleux de la science*.

Théodore de Banville avait coutume de dire qu'il n'y a pas de grande œuvre sans merveilleux, et il citait toujours, tel qu'un exemple mémorable, l'*Atta Troll* de Henri Heine.

Oui, mais comment inventer un merveilleux nouveau ?

L'antiquité eut son admirable mythologie, fables enchanteresses, Olympe radieux, ciel rose et or, où somnolaient les Immortels, océans vierges d'où émergeaient des déesses de qui les chevelures gardaient l'ondulement des vagues.

Le merveilleux chrétien, lui, est sublime, et Chateaubriand en dégagea, dans le *Génie du Christianisme*, l'éternel enchantement.

On trouve dans les œuvres des Rosny, dans la *Légende sceptique*, dans les *Xipéhuz* et même dans leurs romans de mœurs modernes, ce qu'on pourrait appeler un merveilleux de la science : décors quasi surnaturels, féerie inaccessible, prestiges occultes, musique des sphères, conciles d'astres, Forces de la nature, Lois d'airain aussi inexorables que les anciens dieux, et qui sont comme les visages changés et sans nom du Destin.

*
* *

Renouveler le roman par une conception scientifique de la vie, en mêlant les théories de Darwin aux inventions de l'imagination, voilà pour la beauté littéraire de l'œuvre des Rosny. Celle-ci a aussi une beauté philosophique. Elle ne conclut pas nécessairement à une philosophie fataliste. Et nous allons voir comment il en sort une morale ingénieuse et admirable.

Dans ces romans de la vie collective, une part est laissée à l'énergie individuelle, toute réduite, il est vrai, circonscrite, en proie à des lois mystérieuses, à des instincts, à la maladie, à la duplicité, aux pièges de l'ignorance.

N'importe, c'est précisément parce que nous ne sommes plus en lutte seulement avec nos semblables ou avec nous-mêmes, comme en d'autres romans, contrariés uniquement dans nos amours, notre ambition, nos appétits, mais livrés à des forces autrement redoutables, aveugles, implacables, — c'est pour cela que les Rosny s'émeuvent d'une telle pitié miséricordieuse dont le halo accompagne tous leurs personnages... Avec quel apitoiement ils disent : « Le pauvre être humain ! » Comme ils le montrent disputant au sort quelques minutes d'ivresse, assis au bord de sa courte joie à l'eau vite tarie où son image chavire...

De là cette bonté qui est partout en leurs livres et y bat comme un cœur caché. Bonté qui va être bientôt contagieuse.

Dans *Nell Horn*, Juste s'embarrasse de Nelly pour ne pas laisser derrière lui une victime, une épave dans cet océan du Londres moderne aux millions de lumières dardées sur elle comme des yeux de vice... Il se souvient du cerf traqué dans les paysages de la préhistoire...

Ailleurs, c'est *Valgraive*, le mourant qui cherche à faire durer après lui sa volonté miséricordieuse, et donne sa femme à l'ami qui l'aime, en taisant par bonté ses jalousies préventives, ses révoltes, toutes les suggestions du mal qui l'empêchent de se réaliser en la beauté du bien.

Dans l'*Impérieuse bonté*, c'est l'amour du prochain sous toutes ses formes. Dans *Marc Fane*, il ne s'agit plus de la bonté individuelle, mais d'un idéal qui s'étend, cette fois, au delà du cercle d'or de la lampe et des êtres familiers. Marc Fane, le télégraphiste ambitieux, le possibiliste fraternel et utopique, rêve un dévouement lointain, général, *socialiste* (au sens étymologique du mot). C'est sur la société elle-même qu'il s'apitoie, sur tout ce qui souffre, se débat, convoite, apôtre illuminé de la bonté, cherchant à canaliser la marée révolutionnaire qui monte, pour ne pas qu'il y ait plus de bris, de heurts et de douleur.

Et il ne s'agit pas ici de pitié, cette pitié russe de Tolstoï et de Dostoïewsky, qui dérive d'une morale admise *a priori* et sur laquelle les actes se modèlent. De même la charité et l'amour du prochain dans toute religion chrétienne. Les Rosny ne partent pas d'une morale basée sur une foi ; ils *aboutissent* à une morale... L'altruisme ne descend pas d'un principe divin : il monte d'un constat humain. Leur philosophie évolutionniste et darwiniste engendre quand même une morale, ce qu'on pourrait appeler une *morale de l'espèce*. Altruisme des naufragés de *la Méduse !* Parmi cette vie incertaine, parmi cet univers dramatique, il faut une expansion, un accord, la protection des petits, le secours aux mal armés, dans une communion des êtres où la force ne voudra plus que collaborer avec la faiblesse pour la compléter en une unité de défense efficace.

C'est ainsi qu'en face des Digui, des Lesclide, des ambitieux, des hommes de proie de leur œuvre, il y a Juste, Valgraive, Honoré Fane, Jacques, Gouria, ceux qui pratiquent cette féconde solidarité humaine, afin de combattre l'aveugle et dure nature. Mais les Rosny ne cessent jamais d'être artistes ; nullement prêcheurs ni « moralistes », ils n'ont envisagé la bonté que comme un élément de beauté, quand ce sont les forts qui sont bons, n'usant de leur force que pour les faibles, et rétablissant ainsi un peu d'harmonie, c'est-à-dire un peu d'esthétique parmi le brutal drame humain, puisque la beauté est dans l'ordre.

*
* *

L'œuvre des Rosny, comme celle de Flaubert et de presque tous les grands écrivains, a ceci de curieux qu'elle peut se diviser en deux groupes très distincts, deux voies parallèles, quittées, reprises et menées de front. D'un côté, des romans de mœurs, de documents, de modernité : *Nell Horn*, le *Bilatéral*, le *Termite*, sans compter ces romans d'analyse aiguë et méticuleuse, *situations* d'amour où l'écrivain herborise dans les cœurs, depuis *Daniel Valgraive* jusqu'à l'*Autre femme* et *Double amour* ; d'un autre côté, des livres tout en décors et en visions : la *Légende sceptique*, *Eyrimah*, les *Origines*.

Les uns expriment l'air du siècle ; les autres s'amplifient en des reculs d'espace et de temps. Les uns sont en profondeur; les autres en horizons.

Or chez Flaubert aussi, *Madame Bovary* alterna avec *Salammbô* et *Bouvard et Pécuchet* avec la *Tentation de saint Antoine*.

N'est-ce pas un moyen pour l'écrivain de satisfaire la nature double, le goût contradictoire qui se retrouve chez tout homme d'une cérébralité un peu haute : l'amour du rêve et de l'action ?

En des temps meilleurs, l'action fut héroïque et philosophique; le rêve put se concilier avec elle: ainsi Vamireh, dans le roman préhistorique des Rosny, est à la fois chasseur hardi, guerrier redouté et graveur attendri d'une fleur sur la dent d'un carnivore. David aussi, dans la tribu, tenait en même temps le sceptre et la lyre.

Mais aujourd'hui l'action est médiocre, monotone, et ne peut plus tenter les cerveaux nobles. Baudelaire a noté l'antinomie :

Certes, je sortirai, quant à moi, satisfait
D'un monde où l'Action n'est pas la sœur du Rêve!

Des romanciers comme Flaubert et les Rosny ont remédié au désaccord. Certaines œuvres, à cause même de leur modernité, semblent correspondre à ce goût secret de l'action. On pourrait dire que Flaubert a véritablement aimé Emma Bovary, s'est passionné pour elle comme si elle avait été réelle et l'eût hanté de sa présence et de ses futiles caresses. Les Rosny aussi ont agi, pourrait-on dire, dans l'*Impérieuse bonté*, dans *Marc Fane* et le *Bilatéral*, ces romans de mœurs révolutionnaires dont la matière était neuve et restera marquée de leur empreinte. Ils s'y dépensèrent, y vécurent de la vie même de leurs personnages; et d'imaginer les harangues enflammées de ceux-ci dans les réunions publiques, ils éprouvèrent sans doute la même fièvre, le même émoi physique que s'ils les avaient prononcées.

En regards de ces œuvres qui correspondent au goût insatisfait de l'action, il y a de grandes épopées conformes au rêve : les *Xipéhuz*, la *Légende sceptique* au seuil de laquelle les Rosny donnent pour ainsi dire leur propre définition : « Luc vivait dans un rêve du xx° siècle », point d'intersection où peut-être l'action aura rejoint le rêve et où l'écrivain ne sera plus, comme aujourd'hui, la moitié d'une âme qui aspire à l'action en lutte contre la moitié d'une âme qui aspire au rêve !

*
* *

Quoi qu'il en soit, tous les livres des Rosny ont aussi cette marque des grands écrivains : un style personnel. Leur manière est tout de suite reconnaissable par les tours, la couleur, par le vocabulaire surtout, qui est vaste, inépuisable, imprévu, souvent technique et scientifique. Ceci constituait précisément son élément de nouveauté : des termes de physique, de chimie, de botanique, d'anthropologie, fournissant des images inédites, des facettes troubles et inquiétantes. On s'étonna de ce style qui se parait de lueurs inconnues, se compliquait... L'auteur avouait de lui-même dans son *Termite* : « Il

répugnait à Gervaise par son style *encombré.* »
Dans leurs récentes œuvres, les Rosny ont simplifié leur style, naguère si luxuriant. En tout cas, personne ne possède comme eux une telle abondance avec une telle subtilité; et ce n'est pas un des moindres charmes dans une œuvre toute en synthèses, en idées générales, en mouvements de foule, de trouver ces notations de demi-teintes, ces nuances d'âme, ces clairs-obscurs d'idées, ces sourdines de mots...
Ainsi la langue des Rosny est conforme à notre temps, nerveuse et complexe comme lui, vibrante du frisson des hommes et de l'électricité des choses, pleine de trouvailles incessantes, d'une couleur de chimie et d'orage, et bien celle qu'il fallait en cette fin d'un siècle où fonctionnent les cornues laborieuses, où les réverbères des villes s'aigrissent, où brûlent tous les yeux, où se hissent les premiers incendies sociaux en forme de drapeaux rouges dans le vent...

*
* *

Donc par une conception scientifique de la vie introduite dans le roman, par la création d'une sorte de merveilleux de la science, par l'établissement d'une morale de l'espèce, par un double aspect qui regarde à la fois le rêve et l'action, enfin et surtout par un style artiste qui porte leur marque propre, les Rosny ont vraiment produit une œuvre grande. En résumé, elle aura réalisé ceci : l'art et la science, qu'on croyait inconciliables, n'y font plus qu'un.

De même les étoiles merveilleuses, extase des mystiques, éblouissement des songeurs, sont en même temps des arithmétiques infaillibles et une algèbre qui brûle à l'infini !

VERLAINE

Verlaine apparaîtra un irrégulier et un révolté du Parnasse comme Musset fut un révolté du Romantisme. Celui-ci sacrifia, à ses débuts, aux disciplines du moment. Il publie les *Contes d'Espagne et d'Italie*, il rime avec une richesse soigneuse, parce qu'Hugo en a donné le précepte, mit l'exotisme à la mode par *Les Orientales*, exhuma de ses souvenirs d'enfance le soleil et les cors historiques de l'Espagne.

Verlaine aussi dans ses *Poèmes saturniens* semble accepter l'idéal antique et barbare de Leconte de Lisle auquel tous, d'ailleurs, se conforment. Ses vers sont hérissés de noms farouches, orthographiés bizarrement : Ragha, Valmiki, Kchatrya. On dirait des tessons de bouteilles sur une grève de sable doux où déjà approche une mer qui chante. Car çà et là apparaît un vers d'intonation câline, musique et frisson, germe de tout le futur :

L'inflexion des voix chères qui se sont tues.

Musset ne se chercha pas longtemps. Il se trouva dès sa première souffrance. Et alors sa poésie ruissela avec la spontanéité du sang. On sait sa passion pour George Sand, la trahison et les éloquentes *Nuits*. Verlaine rencontra à son tour « le chevalier Malheur ». Son drame fut pire. Blessure d'amour aussi, mais plus grave et extraordinaire. C'est Dieu qui le blessa d'amour. Coup de foudre de l'amour divin ! Qu'était-il donc arrivé ? Lui-même, dès son premier volume, prévoyait l'avenir en ce vers sinistre et prophétique :

Mon âme pour d'affreux naufrages appareille!

On connaît l'aventure. Verlaine lui-même, avec sa folie de sincérité, qui fait songer à la confession publique des premiers temps du christianisme, la raconta dans *Mes Hôpitaux* et *Mes Prisons*. Car « les tribunaux s'en mirent » comme il a dit lui-même. Les chutes furent profondes. Mais, dans la retraite, le repentir toucha son âme.

Qu'on imagine cette scène incomparable : les quatre murs blancs de la solitude; le silence, autour, des longs corridors; et le monde aussi, d'où l'on fut retranché, silencieux d'être lointain. Plus de parents, d'amis; on est seul, avec sa faute. Et quel sentiment de sa déchéance! On se fait l'effet d'être de l'autre côté de la vie.

Seulement un peu de ciel, « le ciel qu'on voit ». Or, sur le mur vide, il y a un crucifix. Est-ce l'ami du malheur qui seul demeure? Lui du moins pardonne toujours! On espère, on se souvient, on l'a prié jadis dans sa petite enfance. Alors voici qu'un autre acteur entre en scène : l'aumônier, qui a deviné l'œuvre de salut possible. Il parle; il donne à lire un catéchisme. Et l'homme réprouvé qui est un grand poète, dès qu'il se retrouve seul, se jette à genoux, ruisselle de larmes devant le Christ du mur vide. Jésus lui parle... L'âme répond, s'élève, hésite. C'est une lutte entre l'âme et Jésus, une lutte entre Jésus et un Pascal enfant. Et, dans cette crise sublime naissent pour l'éternité les poésies de *Sagesse*, le plus pathétique aveu de l'âme de toute la littérature moderne; des oraisons comme Dieu et les hommes n'en avaient jamais entendu. Là surtout fut la grande originalité du poète : il écrivit — comme on prie !

Sa poésie a la simplesse d'une prière et, comme telle, elle fut accessible à tous. Il appartient à ce qu'on pourrait appeler, parmi les poètes, la race des chanteurs, ceux dont l'art est spontané, jaillit en source vive, dès qu'ils se frappent la poitrine. Un chant pareil a le rythme même de leur cœur. Tel Lamartine dont Sainte-Beuve écrivait: « C'est un grand ignorant qui ne sait que son âme. »

On pourrait dire la même chose de Verlaine.

Certes il avait la connaissance des péchés — et même de tous les péchés ; mais avec de la candeur quand même et de la naïveté surtout. Il pécha mais comme un enfant vicieux précocement.

Il y a ainsi des hommes à qui la vie n'apprend rien, qui vieillissent sans avoir mûri, des cœurs qui restent verts à l'arbre de la vie. Et ne dirait-on pas de ce poète aux mystiques élans, alternés de fautes avouées, qu'il a toujours une âme d'adolescent, l'âme d'un collégien, un peu pervers et pâle, dans une institution de prêtres, entraîné à des fautes par ennui et habitude, mais soudain effrayé des damnations, implorant Dieu et la Vierge. Sa poésie, mystique et charnelle, mêle des prières, le langage emmiellé des Livres d'Heures avec des aveux du sixième et du neuvième commandement. C'est comme une confession de premier communiant !

A la fois, le délice des péchés nouvellement révélés et la peur des Enfers décrits et possibles !

Après les alcôves coupables, les pensées mauvaises, les mains fautives, voilà dès l'aube venue, l'autel et le lys, entre les cierges, et les lingeries du culte, et la dentelle en printemps de givre sur la Table des Hosties !

L'âme de Verlaine eut toujours l'âge de ces

choses-là. Mûr et même vieillissant, il garda une âme de collégien, l'âme divinement impressionnable de l'enfance, très puérile quoique un peu rusée, très blanche quoique pécheresse, très mystique quoique sensuelle...

Or ceci, le mysticisme dans la sensualité — c'est aussi le signe des ultimes décadences; c'est l'état de conscience des villes qui vont mourir, puisqu'à Sodome, la veille du jour où le feu du ciel allait pleuvoir, les habitants s'en vinrent vers la maison de Loth où les Anges étaient descendus, mais non seulement pour les adorer et les prier : « Fais-les sortir, afin que nous les connaissions, » comme il est dit au texte de la Génèse.

Or dans l'œuvre de Verlaine aussi les Anges entendent gronder autour d'eux les péchés des villes maudites...

Malgré tout, il ne cessa pas d'être ingénu comme un enfant, qu'il resta toujours. Ici encore Musset lui apparaît parallèle.

> Mes premiers vers sont d'un enfant,
> Les derniers à peine d'un homme.

Et la similitude continue jusqu'au bout. Tous deux après de grandes douleurs, à vau-l'eau et en désarroi, voulurent oublier. Musset pratiqua « les breuvages exécrés », comme il dit. Quant à Verlaine, s'il garda un peu l'ingénuité de l'enfant, on peut ajouter qu'il garda un peu aussi l'ingénuité de l'ivrogne.

Mais ce qui les différencie et fait qu'en réalité, si leurs âmes et leurs vies se ressemblent, leurs œuvres n'ont aucun point de contact, c'est que Musset, n'était qu'éloquent tandis que Verlaine fut extraordinairement artiste. Et c'est l'émerveillement de son art que d'offrir avec tant d'essor et de chant une telle ciselure. « Le vent *crispé* du matin. » « Des mots si *spécieux* tout bas. » « Les phrases *sveltes*. » Quelles miraculeuses épithètes! Toutes *Les Fêtes Galantes* sont de cette écriture subtile encore que les rythmes s'envolent comme des jupes et des nuages.

Et une forme qui n'a pas que d'heureux hasards, des bonnes fortunes d'expression. Verlaine est très expert et roué dans les choses de son métier. Il est allé aux bonnes sources et à des sources peu connues... Il tira grand profit de Marceline Valmore. On lui a fait grand mérite de ses vers de cinq, sept, neuf, onze, treize syllabes, en oubliant un peu qu'ils avaient été tous pratiqués par Valmore. Mais il faut convenir qu'il leur donna un tour propre. Chez lui, le vers trébuche et boite dans les mètres impairs, l'air exténué d'avoir fait le tour de tous les rêves. Le vers de treize syllabes s'allonge, comme étiré dans un bâillement. La forme est adéquate au sujet. Le poète a dit : « Je suis l'Empire à la fin de la décadence » (et ce sonnet a suffi pour qu'on reprît le mot de décadents et qu'on en fît un moment une École factice). La décadence est également et surtout dans la forme poétique elle-même, qui s'abandonne, tombe en langueur, dont le cristal se fêle presque à dessein pour que les fleurs, dans l'eau d'âme dépérissent plus languissamment.

Or toute cette évolution de forme, chez Verlaine, est très voulue, très comptée. Il est attentif à tout. Il bénéficie de tout. Nous savons les précieux legs qu'il doit à Valmore. Une autre influence intervint, qui fut plus décisive encore. Il s'agit de Rimbaud. Celui-ci entra dans sa vie pour la déséquilibrer. Il entra aussi dans son œuvre. Rimbaud, à qui Victor Hugo avait imposé les mains en proclamant : « Shakespeare enfant », possédait en réalité un prodigieux instinct de poète qu'il dédaigna et perdit en des exodes et des trafics lointains. A peine avait-il jeté, dans l'exaltation étrange de ses vingt ans, quelques ébauches de génie sur le papier. On connaît les *Illuminations*, ses proses qui ont la fièvre, ses cantilènes impressionnables comme des lustres.

Rimbaud qui était un révolté, ayant la haine de la vieille Europe, de tout ce qui est rectiligne, et partant pour du « nouveau » dans son *Bateau Ivre*, aurait été un révolté aussi contre les vieilles prosodies. C'est lui certainement qui influença dans ce sens la manière de Verlaine, n'ayant guère l'envie de rien tenter lui-même, lâchant au hasard quelque strophe de complainte et d'à vau-l'eau.

> Par délicatesse
> J'ai perdu ma vie
> . . . .
> Elle est retrouvée,
> Quoi ? l'éternité,
> C'est la mer allée
> Avec le soleil.

N'est-ce pas tout à fait la prochaine manière de Verlaine, qui va suivre? On peut, presque matériellement, indiquer le moment où celui-ci reçoit cet affluent, en demeure coloré d'une teinte nouvelle et déborde de ses rives initiales. Sa prosodie se distend à mesure. Point de rimes déjà. Des singuliers et des pluriels rimant entre eux, des masculins et des féminins, souvent de simples assonances comme dans les rondes enfantines et les noëls populaires ; parfois des vers avec nulle rime approchante qui y corresponde, se mélancolisant au milieu d'une strophe, sans aucun écho. Or tout cela n'est pas livré au hasard, mais calculé, arrangé, dosé avec ce sens et ce goût d'artiste parfait que fut toujours Verlaine. Si conscient qu'il alla jusqu'à tirer, de ses licences, des sortes de règles, un *Art*

poétique nouveau : « la rime, ce bijou d'un sou ».
— « Prends l'éloquence et tords-lui le cou. » —
« Le mètre impair; la nuance »... N'est-ce pas
curieux toutes ces théories, à la fois sur le fond
et sur la forme, chez celui dont l'art apparaît
si irréfléchi et spontané. Quoi! de la géométrie
autour de ses poèmes! On s'étonne de l'anomalie
comme de voir l'œil de Dieu dans un triangle,
au maître-autel de certaines églises.

Une église; c'est l'impression que donnera
dans l'avenir, l'œuvre de Verlaine. Non pas une
cathédrale, amas de pierres énormes, clochers
qui montent à l'assaut de l'air, vitraux comme
des jardins de pierreries. C'est Victor Hugo
qui est cette Notre-Dame de la Poésie. Verlaine
aura construit une Sainte-Chapelle, aux ciselures
expertes, aux gargouilles de démons, avec des
fresques célestes pour lesquelles des anges
authentiques sont venus servir de modèles, avec
un bénitier qu'il a rempli de ses larmes.

Il y travailla d'une âme simple et vaillante.
Mais tant que l'homme vit, il s'interpose et lui-
même empêche la vue de son œuvre. Et aussi
s'interposent les envies, les légendes, les incom-
préhensions. Toutes ces choses sont comme des
échafaudages autour d'une construction qui
s'élève. Le bâtiment la porte tout entière en lui
déjà. Il y a peut-être une tour qui s'arrêtera on
ne sait quand. Les hommes regardent, admirent

ou raillent, ne savent pas, copient une sculpture qu'on érige, crachent sur les pierres qui montent, aident ou nuisent à l'ascension dans l'air.

Puis voici la mort. Tous les échafaudages tombent, toutes les contingences humaines qui masquaient l'œuvre. Et voici la tour de Verlaine, sa Sainte-Chapelle de poésie, au pur dessin, qui se dresse, fine et dentelée sur le ciel, et dont les cloches pieuses ont commencé de sonner jusqu'au lointain avenir.

VILLIERS DE L'ISLE-ADAM

Villiers fut un inventeur et, comme tel, subit le sort de tous les inventeurs. Sa destinée aussi fut d'abord d'étonner. La foule se méfie des inventeurs. Son premier mouvement est de ne pas croire, d'imaginer une mystification, de s'irriter qu'on la dérange dans ses habitudes d'œil et de pensée. Sa méfiance, il est vrai, est souvent justifiée; il y a tant de faux inventeurs qui promènent leur trouvaille comme s'ils portaient le tonnerre quand ce n'est qu'une fusée. Il n'est pas de carrières où il y ait autant de mirages. C'est parmi les inventeurs qu'on trouve le plus de ratés. Parmi les inventeurs littéraires aussi. La foule n'a donc pas tout à fait tort. Mais elle se trompe souvent, ne reconnaît pas tout de suite les imposteurs des vrais apporteurs de neuf, et cela en toutes matières. Les pauvres inventeurs! Il y a un cas topique en ce siècle, tout à fait dans le goût de Villiers, et qui l'aurait réjoui, s'il avait vu en ce moment l'inouï triomphe de la bicyclette et songé en même temps à ce baron de Drais, (il l'aurait appelé son frère en destinée) qui expérimenta la première fois sa *draisienne* en 1818 au jardin du Luxembourg et n'obtint, en fait d'attention, que les refrains de Desaugiers sur le vélocifère et la critique du *Journal de Paris* disant : « Le vélocipède est bon tout au plus pour faire jouer les enfants dans un jardin. » Si on consultait les appréciations émises à l'origine sur les drames et les contes de Villiers, ce serait quelque chose d'analogue, tandis que maintenant la draisienne et l'œuvre de Villiers sont partout répandues. En art, comme dans la vie, une invention n'est admise que quand *tout le monde s'en sert*.

Inventeur, Villiers le fut merveilleusement. Il comprit, le premier parmi les écrivains français, ce que la science moderne allait réaliser. Il la bafoua, parce qu'elle tuerait l'Idéal pour posséder ensuite le monde. Mais il la devina avec tous ses prochains miracles où elle irait jusqu'à vouloir prouver qu'elle suffit pour engendrer l'Univers et même des chefs-d'œuvre. A quoi servirait Dieu désormais ? Et aussi le génie ?

La science allait les suppléer, créer à son tour. Ne fallait-il pas protester, un peu, discrètement, en ironies ? Villiers écrivit son extraordinaire *Ève future*, le plus original de son œuvre, qui met en scène Edison et raconte les prochaines magies de l'électricité, du téléphone, du phonographe, du microphone, s'unissant pour la construction mécanique d'une femme, Ève de rouages et de ressorts savamment articulés. Ainsi Villiers voit jusqu'au bout. Il sait par avance les sorcelleries de la science moderne, le point où elle rejoindra les sciences occultes devenues des sciences positives. Cette Ève est la sœur de l'homoncule. Edison et les mages forment une équation. L'ésotérisme et la physique sont la même chose.

Matière littéraire toute neuve, dont Villiers fut l'inventeur. Il créa une sorte de fantastique nouveau, le fantastique scientifique, en sous-entendant tout le temps qu'il faut se hâter, que le fantastique d'aujourd'hui sera la réalité de demain. Et il devina même le détail : dans cette *Claire Lenoir* par exemple, dont les ruelles cadavériques offrent la tête saignante de son amant, image qui s'éternise, ne sent-on pas déjà des imaginations qui présagent et avoisinent les rayons Roentgen, la photographie des rêves et de l'âme, toute la féerie qu'en ce moment-ci, la science réalise ?

Vraiment les poètes sont toujours les visionnaires et les antiques prophètes. Déjà Gautier, par une rare divination, imaginait, dès 1847, le phonographe futur, quand, ayant entendu Mlle Mars, il aspirait, dans un de ses feuilletons, au moyen de conserver ses accents pathétiques et rêvait « un daguerréotype de la voix ». Villiers aussi, dans certain morceau comme *l'Affichage céleste*, avait prévu, sous une forme plaisante, telle application scientifique qui se réalisa en effet, utilisa pour le commerce les inutiles nuages où des réclames furent projetées et lisibles.

C'est que Villiers avait le sens de la science, tout en la méprisant, et, avec elle, les inventions modernes, ce qu'on appelle le progrès, l'américanisme mercantile du siècle. Il les bafoua avec une ironie qu'on pourrait dire miroitante : les phrases ont des lueurs, par moment, d'une trousse terrifiante dans la main d'un médecin qui plaisante, qui fait remarquer l'éclat des aciers, la dentelle des scies, la coquetterie des spatules et des scalpels. Oh! les jolis joujoux! Et soudain, avec une joie immense et un rire strident, il les enfonce dans les yeux et dans les chairs.

*
* *

Le don d'ironie, si puissant soit-il, n'est qu'une faculté négative. C'est l'esprit de Satan. L'esprit de Dieu est une faculté positive. Seul, il crée. Il est le souffle qui anime l'argile, le don lyrique, la voix qui atteint jusqu'au bout des horizons. Ce souffle, ce lyrisme, cette voix, Villiers les posséda aussi, parce que, outre un ironiste, il était un poète. Et c'est précisément ce mélange imprévu qui constitua son unique originalité, toute naturelle. Même dans la conversation il apparaissait sous ce double aspect et sa conversation était topique, parce que toute sa vie il ne causa que pour raconter un scénario, un dénouement, une scène, d'un de ses contes, drames ou romans, non pas dans le but d'éblouir, mais afin de s'exciter lui-même et de provoquer ce qu'on pourrait appeler l'inspiration de la parole. D'autres ont recours aux tabacs, aux alcools, lui, c'est en parlant, en se grisant de sa propre verve, qu'il trouva des mots, des situations, des images, rencontrant parfois, au tournant d'une phrase, une formule longtemps cherchée, complétant un canevas, précisant un symbole — infatigable araignée qui court toujours à travers sa toile pour l'agrandir et la parfaire en soleil de dentelle.

On pouvait donc considérer ses conversations comme les brouillons de ses œuvres.

Eh! bien, il y apparaissait tour à tour et en même temps ironique et lyrique. Combien de fois il interpréta et joua le Bonhomet, ce type de transcendantale sottise qu'il avait créé et dont il était si fier, Bonhomet, c'est-à-dire le bourgeois, l'éternel ennemi, mais autrement maniaque que Bouvard et Pécuchet, avec des manies non quotidiennes, des manies rares et cruelles comme celle de Bonhomet docteur « qui tue des cygnes pour avoir le plaisir de les entendre chanter ». Ces abracadabrantes histoires étaient mêlées ou suivies de brusques essors, de grands coups d'ailes, et l'extraordinaire causeur qu'il fut se révélait double, incendiant l'air nu d'une éloquence que son geste frileux avait peine à suivre, accompagnait comme une aile blessée par la vie, tandis que son rire sardonique narguait cet envolement inutile, anticipé en tous cas.

Son œuvre aussi, dont sa conversation n'était que comme « le premier état », mélange à la raillerie la plus cruelle, la plus haute éloquence. Villiers écrivain, comme Villiers causeur, est un grand orateur, et certains discours, dans *Axel*, dans *Akédysséril*, sont comparables aux plus belles harangues de Tacite ou d'Homère. Son style est toujours nombreux, d'une allure presque *classique*, souvent il s'agrandit encore, se sculpte en formes amples. On s'étonne alors que l'ironie, cette grimace, s'encadre dans l'éloquence, cette force souveraine. Cela fait songer aux images grotesques que forment parfois les grands rochers...

.*.

Donc deux qualités très différentes et qui semblent contradictoires : ironie et poésie ou éloquence, réunies en lui, voilà la haute originalité de Villiers.

Son ironie, il l'avait trouvée chez Edgar Poë. Comme lui, il bafoua la science moderne, le progrès, l'américanisme utilitaire, en tant qu'artiste et parce qu'il sentait bien que l'idéal allait mourir dans l'air d'un temps infesté de la sorte. Où trouva-t-il son éloquence ? Dans le catholicisme. Villiers fut un croyant sincère, un croyant de cette foi héréditaire de Bretagne. A tel point que, même mourant, il s'obstinait sur des épreuves de son *Axel* inachevé, disant : « je corrige le dernier acte ; il faut absolument que Dieu m'en laisse le temps ; car il y a là un suicide ; ce dénouement n'est pas chrétien ; il faut que je le change. » Et il rusait avec l'agonie, parlementait avec la mort, afin de trouver une conclusion de drame orthodoxe.

Catholique sincère, il le fut. Et précisément le catholique, le fils de l'Église, devait penser sur la science et le siècle comme le disciple de Poë. L'Église aussi dénonce et défie la science d'aujourd'hui qui s'est donnée comme l'antagoniste de la Foi et proclame que celle-ci a cessé son règne. Ainsi Villiers, par deux influences, aboutissait au même but, au même jugement sur la vie, à la même attitude devant le temps et l'éternité. A Poë, il prit son ironie ; au catholicisme, son éloquence. Tous deux, le tournèrent contre la science, le progrès dérisoire, l'esprit du siècle, l'un pour en rire d'un rire qui serait glaçant comme celui des fous, l'autre pour les vitupérer d'une voix qui serait solennelle comme le sermon des chaires. Voilà pourquoi Villiers semble, si on peut dire, Edgar Poë et Bossuet ne faisant qu'un !

HUGO

(L'ŒUVRE POSTHUME)

───

Quand on descend aujourd'hui dans les caveaux du Panthéon, dès que s'est ouverte la lourde porte, on trouve tout de suite devant soi l'endroit où le cercueil de Victor Hugo repose, tel qu'il fut apporté là, le jour de son inoubliable convoi. C'est-à-dire qu'on ne s'est point occupé, depuis, de lui bâtir un tombeau. Il est toujours dans une situation provisoire ; il s'attarde sur des tréteaux.

Les yeux considèrent à même la bière nue, qui attend... Peut-on imaginer pareil manquement, cette déréliction déjà, pour le mort qu'on amena là en un triomphe de funérailles que semblait seule pouvoir accompagner la musique du *Crépuscule des Dieux !* Aujourd'hui le silence, l'insouci, l'ironie d'un flot banal de visiteurs exotiques devant le cercueil brutal et apparent avec son velours noir aux étoiles d'argent qui ont l'air de larmes caillées.

Et, tout autour, les anciennes couronnes, les fleurs, les bouquets, tout fripés, recroquevillés, séchés, déteints ; rubans pâlis, inscriptions aux lettres en allées, lyres de cartons qui s'émiettent, spectres de roses, cadavres de fleurs qui aussi se décomposent...

Comme tout cela est presque triste quand on songe au poète acclamé durant un demi-siècle !

Voilà pour son corps.

*
* *

Et son œuvre ? Elle est aussi un peu délaissée déjà, cependant qu'elle se continue encore.

Un soir, comme Hugo allait faire une lecture, chez lui, après le dîner, il déclara au moment de communiquer ses poèmes : « Messieurs, j'ai soixante-quatorze ans et je commence ma carrière. »

Il aurait pu dire la même chose au moment de sa mort. Car il laissa une œuvre posthume compacte, déjà parue en partie. Ces poèmes sont très divers de tons, d'attitudes, de latitudes, pourrait-on dire, et de dates, allant de 1840 à 1880.

Hugo garda parfois très longtemps des œuvres par devers lui, donnant cette impression de luxe d'une âme qui a le temps. Ainsi son *Théâtre en Liberté* qui date sans doute de l'époque où, après les victoires hasardeuses d'*Hernani* et de *Ruy Blas*, il se livra ardemment au théâtre. Mais on sait les sifflets d'incompréhension accueillant ses prodigieux *Burgraves* en 1845 ; et le serment du poète, tenu jusqu'au bout, de ne plus livrer aucune œuvre dramatique au public. C'est pourquoi le *Théâtre en liberté* n'a paru qu'en œuvre posthume, si audacieux, si plein de claires visions rénovatrices et qui contient des épisodes splendides comme la *Grand'Mère* ou *l'Epée*, avec, comme toujours, ces grands vers mis en mouvement par masses, des cataractes de poésie.

Mais entre les ouvrages posthumes, ce n'est pas celui-là qu'il faut préférer, ni même *Choses vues* d'un impressionnisme net et coloré ; ni *Toute la lyre* où chantent depuis le fil de la Vierge de l'églogue jusqu'à la corde d'airain de l'épopée ; mais plutôt et surtout et au-dessus de tout : *La fin de Satan*. On l'ignore trop, ce vaste poème, qui est sans doute le chef-d'œuvre du poète. Toute la partie : *Judée*, racontant la vie et la mort du Christ est éclatante et suave. Il y a des épisodes d'imagination dantesque : la rencontre de Barrabas et de Jésus en croix : des chants lyriques qui font pâlir les chœurs d'*Athalie*, celui des filles de Betphagé saluant l'entrée du Christ à Jérusalem. Jamais Hugo ne trouva de tels échos de rimes, de telles volutes de vers, de pareilles marées montantes d'alexandrins. De plus, il y fit preuve d'un tact, d'un goût, d'un sens des nuances qui sont bien l'harmonie secrète du génie. C'est-à-dire que sans cesse il côtoyait, de par le sujet même, le récit du nouveau testament. Or il se contenta d'imaginer dans le décor, d'inventer à côté et comme en marge, de faire œuvre personnelle dans la description, les accessoires, le paysage, l'archaïsme polychromé des détails. Par contre, il n'attribua à Jésus, aux disciples, à tous les personnages de l'histoire chrétienne que les paroles authentiques des Évangiles. Parfaite délicatesse, et non pas même au point de vue de la religion, mais au point de vue de l'art. C'est ce que n'ont pas compris tous ceux — et ils sont nombreux — qui, en ces dernières années, ont écrit, à sa suite, des œuvres évangéliques, drames ou poèmes. Comment eurent-ils l'audace ou la candeur de prêter à Jésus des paroles ? Quoi ! Un écrivain qui est un homme, un pécheur, un pauvre manieur de mots, un penseur dont la pensée ne va pas plus haut vers l'infini qu'un jet d'eau vers le ciel, ose décider : « Ici Jésus doit dire ceci ; là, répondre de cette façon. » Et alors, écrire une tirade, parler soi-même à la place de Jésus. *Remplacer Dieu !*

Hugo, lui, eût soin de maintenir les paroles de Jésus et des autres en leur rigueur textuelle et, grâce à l'aisance unique de sa prosodie, de les intercaler, telles, dans la trame du récit. Car les paroles de Jésus sont divines. Et Hugo sentait qu'il n'avait pas le droit de mettre des paroles, mêmes géniales, à côté des paroles divines ou tenues pour telles, par conséquent de la clarté à côté de la lumière. Mauvais goût d'ajouter une lampe au soleil. Ce qui fut dit fut dit. Tout avait été prémédité ainsi dès l'Éternité. Personne dans aucun temps n'eut et n'aura le droit de rien superposer au texte.

La *Fin de Satan* est le sommet, le point culminant, de cette admirable œuvre posthume qui va se continuer encore, chaîne de montagne infinissable sur l'horizon du siècle...

Ultérieurement nous aurons un ouvrage philosophique : *Essai d'explication* ; d'autres volumes de correspondance et des miscellanées, proses et vers, intitulées *Océan*, qui formeront le volume final.

Ce qu'il y a de particulier dans les ouvrages de cette série posthume, c'est que plusieurs sont très anciens, par exemple cet *Océan*, qui est encore à paraître, intitulé d'abord, *Tas de pierres*, carrière informe, en effet, où tailler plus tard des visages, des paysages...

C'était au moment de la Révolution de 1848 : ce manuscrit existait déjà et fut sauvé par Hugo dans une grande malle, car il habitait alors la place Royale, c'est-à-dire — entre le faubourg Saint-Antoine et l'Hôtel-de-Ville — le coin de Paris le plus tumultueux, le plus menacé. Toujours il prit ainsi un soin farouche et méticuleux de ses manuscrits gardés chez lui, plus tard, dans une armoire de fer, près de son lit, et qu'il avait eu soin, dès l'origine, de vouloir en papier de fil pour en assurer la durée.

La *Fin de Satan* aussi, publiée seulement il y a quelques années, est d'une date fort reculée. N'est-ce pas curieux de penser qu'un tel ouvrage fût gardé inédit durant plus de trente années?

Du reste, on trouva à la mort du poète une quantité vraiment effarante de papiers et de manuscrits. Ah! le prodigieux inventaire — qui dura dix mois — plus d'un million de feuilles à coter et ranger dans des fardes notariales!

Heureusement que, pour confier sans peur le soin grave d'une telle publication, il possédait d'admirables amis, tel que M. Meurice, tel que Vacquerie. Mais n'a-t-on pas toujours les amis qu'on mérite?

Grâce à ces affectueux zèles, les livres posthumes ont paru successivement; et cela continuera ainsi quelques années — derniers échafaudages enlevés à mesure et découvrant quelques nouvelles tours, portails, gargouilles dans le colossal amas de pierres entassées qu'est la cathédrale du poète romantique.

Mais au moment même où elle commence à apparaître terminée, la piété s'en détourne; et ils vont diminuant, les fidèles agenouillés dans cette œuvre.

*
* *

Il serait tentant, quoique délicat, d'essayer de situer, vis-à-vis de la génération actuelle, la gloire de Victor Hugo. On ne peut nier un recul, un éloignement graduel, mais ceci est le résultat d'une loi presque physique. L'admiration a aussi ses reflux. D'ailleurs il y a satiété. Il lui faudra, comme lui-même le disait un jour avec un naïf orgueil, *désencombrer le siècle*. Même pour l'œuvre d'autrefois, on y retourne moins; la plupart aiment mieux se souvenir de l'avoir lue.

Dans ce délaissement, il faut, à vrai dire, faire la part de la mode. La mode existe en matière d'art comme en toutes matières, aussi changeante et sans fondement. On s'engoue ici; on se déprend là. L'œil se déshabitue vite. Et tout ce qui n'est plus la mode apparaît aussitôt lourd ou laid.

Pourtant le changement vis-à-vis de Hugo n'est pas que de hasard et d'impression. On prétend en donner des raisons. Les esprits très affinés, très cérébraux, ont voulu contrôler ces déchaînements lyriques, ces trop sibyllines proclamations. M. Jules Lemaître, par exemple, avec sa subtile nature de sensitive, ses indécisions frileuses et scrupuleuses de pensée ou de sentiment, a regimbé. M. Maurice Barrès aussi et d'autres ont été, croyons-nous, jusqu'à s'apitoyer sur ce qu'ils appelaient la pauvreté de pensée du poète et son manque vraiment trop excessif d'idées. Mais ils n'ont pas vu peut-être qu'il y a dans Hugo (et c'est sa grandeur en même temps que son infériorité) ce qu'il peut y avoir d'idées dans une foule.

A défaut de pensées originales, il a eu du moins des images sur tout, avec une abondance, un luxe prodigieux et inégalé. Par conséquent, comme l'invention des images est le propre de la poésie et l'essentiel devoir des poètes, on croirait qu'il a dû, au moins, garder la fidélité de ceux-ci. Eh bien! non! Il est loin le temps où Banville, trop déférent, s'écriait : « Nous sommes tous disciples d'Hugo ou nous ne sommes pas. »

Non point qu'on se soit désormais libéré et que l'originalité totale florisse dans la poésie actuelle. Au contraire, jamais l'enrégimentement n'a plus sévi. Il y a des écoles, des canons, des dogmes, des excommunications. Malheur à qui marche seul! Mais on a changé de maître. C'est Baudelaire d'abord qui, pour les âmes actuelles, fut plus un éducateur que Hugo : « Tu aimeras ce que j'aime et qui m'aime... »

C'est Poë surtout; puis M. Mallarmé, Verlaine; et les poètes anglais : Shelley, Swinburne, Rosetti, et l'Américain Walt Withman, influençant quelques-uns au point que leurs poèmes, en vers libres, ont l'air de n'en être que des traductions. C'est Wagner aussi, à la suite duquel on recommence médiocrement des chevauchées, des tristesses d'Iseult, pour ne plus plagier celle d'Olympio. C'est enfin, pour ceux de la dernière heure, les chansons populaires, les contes de fées; une affectation de fausse candeur et simplicité où toute orfèvrerie de style disparaît.

Quant à Victor Hugo, il eut trop d'action sur son temps pour en avoir sur les jours immédiats. Son œuvre a çà et là une odeur — rancie aujourd'hui — d'actualité. Il fait des odes sur Napoléon, la Colonne, telle révolution, un exil de roi, un fait divers, un incident politique. Il s'empêtre dans toutes sortes de préoccupations historiques, religieuses, sociales, étrangères à la « fonction du poète » qu'il a si faussement définie lui-même dans un poème de ce titre. Et ailleurs, dans *William Shakespeare*, n'énumère-t-il pas cet étrange programme qu'on croirait plutôt politique que poétique : « Amender les Codes, sonder le salaire et le chômage, prêcher la multiplication des abécédaires, réclamer des solutions pour les problèmes et des souliers pour les pieds nus. »

Même dans la *Légende des siècles*, en dépit de tels fragments superbes, on désirerait parfois plus de recul, un éclairage lunaire, les tuniques pâles et mauves de la légende... C'est trop de l'histoire, de la peinture d'histoire; comme souvent ailleurs c'est trop d'éloquence, d'affaires contingentes et éphémères.

*
* *

Mais ce tempérament poétique est une force indomptable et inépuisable. L'écrivain a plus encore que du génie. Il a la Puissance Verbale poussée jusqu'à devenir presque *un élément*. Son œuvre est le vent, les nuées; elle est la mer, depuis la date de l'exil surtout, comme si elle devint à l'image et à la ressemblance de cet océan avec lequel il eut la chance de devoir vivre seul à seul, se confronter et s'harmoniser.

N'est-ce point en effet, pour l'avoir longtemps regardé qu'il a pu dire un jour magnifiquement : les flots qui *toujours se reforment* ?

Or, ses vers aussi toujours se reforment, s'engendrent l'un de l'autre, gonflés et creux parfois, mais ils ont la voix de l'abîme.

Toute l'œuvre rend le son de l'infini.

Voilà pourquoi il est également naturel de l'aimer ou de ne pas l'aimer, comme on aime ou on n'aime pas la mer.

ALPHONSE DAUDET

On peut définir Alphonse Daudet, le poète du roman. Il eut, du poète, le don d'imagination et, du romancier, l'esprit d'observation. L'une et l'autre faculté, qu'on dirait contradictoires, s'unirent en lui merveilleusement. A l'origine, le poète prédomina un peu, puisque, dans l'aube rose de l'adolescence, il est naturel que l'imagination surtout fermente, flambe, fleurisse, — feu et fleurs! Si cet état d'âme eût persisté, si Alphonse Daudet, au surplus, fût demeuré dans son Midi natal, il est possible que nous eussions compté un poète de plus, écrivant aussi en provençal, émule de Mistral et de Roumanille, fin paysagiste des sites nîmois et beaucairois, aux héros et aux amoureuses vêtus de soie et de claires étoffes. On peut l'imaginer vivant là, rien que poète, jonglant avec des olives, les doigts se levant inégalement sur les trous d'un galoubet pour y faire des alternatives d'ombre et de soleil.

Mais tout jeune il émigra à Paris et devint du

coup un écrivain français, un romancier de mœurs où le poète de Provence survit et transparaît. Il se produisit, entre les deux, après ce début : les *Amoureuses*, une transition : ce sont les délicieuses *Lettres de mon moulin*, écho des choses quittées, rythmes mal dénoués, étape intermédiaire, fantaisies qui voisinaient encore avec les poèmes. Mais il n'y avait pas que la poésie. Il y avait la vie. Alphonse Daudet se mit à regarder la vie.

L'observateur intervint dans le poète. Or l'observateur était myope. Petit fait, et qui semble insignifiant, mais fait décisif. De tels détails suffisent parfois à marquer tout un talent. Ils en font partie. C'est le cas pour Alphonse Daudet : de voir mal, il regarda mieux. Et puis il y a ceci : lorsqu'un des sens est altéré, les autres se sensibilisent et s'affinent. On en juge chez les aveugles qui, eux, ont les yeux nuls. Il s'établit une compensation, un profit proportionnel pour les autres sens. Ceux-ci rattrapent tout ce que la vue perd. Le spectacle de l'univers perçu seulement par quatre sens demeure aussi varié, et même coloré que s'il était également aperçu par les yeux. Le *total* des jouissances sensorielles est le même. C'est ici que se prouvent les fameuses « correspondances » précisées par Baudelaire. Et dans ces réciprocités, c'est l'ouïe surtout qui supplée à la vue.

Les aveugles ont une ouïe spécialement aiguisée, et aussi les très myopes, comme Alphonse Daudet. Précieuse faculté pour un romancier de vie et de réalité. Il va écouter, au lieu de voir. Les voix renseignent plus peut-être que les visages. Ceux-ci livrent leurs sourires ou leurs grimaces, tout leur mobile clavier. Celles-là ont aussi des expressions qui les trahissent, et davantage. On parle avec la *voix changée*. On parle avec une voix de la couleur de sa vie. Est-ce que les religieuses n'ont pas une voix blanche comme leur cornette?

Le romancier écoute; il voit aussi, mais il écoute surtout; il prend des notes sur ce qu'il entend, d'autant mieux qu'il voit moins bien; et c'est alors le mot topique, les ridicules de pensée saisis dans une intonation, la hâblerie perçue par un grossissement qui échapperait à d'autres, le mensonge reconnu à une nuance, quelque chose comme un demi-ton trop haut, car la voix qui ment se hausse un peu, comme pour s'enhardir, se donner raison à elle-même.

Ainsi Alphonse Daudet se mit à écouter la vie, à regarder la vie. Il devint un observateur réceptif, sagace. Non seulement il perçoit tout, mais il perçoit vite. Son observation est instantanée. Il a le coup de foudre en matière de documents. « Je prenais déjà des notes dans les escaliers, » disait-il un jour, au retour d'un dîner académique dont les manèges lui avaient donné tout de suite l'idée de *l'Immortel*.

De ses observations quotidiennes et à l'infini, Alphonse Daudet forma ces petits cahiers que tous ses amis de lettres lui connaissaient, bourrés de notes, d'esquisses, de mots, de traits, de silhouettes, cartons d'artiste, albums de dessinateur. Car il y a du grand caricaturiste chez lui. Son *Tartarin* est un type définitif autant que le Joseph Prudhomme de Daumier. Et certaines de ses notations, comme celle du comédien Delobelle, secoué de sanglots à l'enterrement de sa fille, disant : « Il y a deux voitures de maître », sont aiguës et un peu féroces comme les légendes de M. Forain. En quelques mots, dans ses livres, aussi dans sa conversation, qui fut merveilleuse, il dessine des personnages, il les campe avec un tel relief qu'on les *voit*.

Mais le plus souvent, ils se forment en lui par infiltrations, accumulations lentes, observations menues et disparates, portraits-types de plusieurs individus d'un même caractère, qui semblent avoir posé devant un objectif. Et, en effet, la photographie donne raison à ce procédé du romancier ; on a découvert qu'en superposant les clichés d'une série de visages appartenant à une famille ou même à une race, on obtenait le type essentiel de cette famille ou de cette race, les traits qui leur sont communs et par quoi ils se ressemblent.

De même M. Whistler, qui pour ses portraits exige des séances de pose nombreuses, chaque fois recommence; mais le portrait en train qu'il efface demeure en dessous, et le visage définitif n'est que le total de tous les visages, le type essentiel du modèle, son expression d'éternité faite avec toutes les expressions quotidiennes.

M. Alphonse Daudet, lui aussi, a créé ainsi des types généraux : Tartarin, Sapho, Delobelle, le Nabab, Numa Roumestan, l'Immortel, statues et bustes où l'observation consolida de supports de fer sa souple argile du Midi et de Paris.

*
* *

Car son œuvre est faite du mélange de ces deux éléments : Paris et le Midi. Ce qu'il a peint surtout, c'est *le méridional hors du Midi*, et spécialement dans Paris.

Déjà, dans le Midi, le méridional est toute chaleur, gestes et mimique de comédien, la conversation comme chargée d'un maquillage où tout apparaît plus grand que nature; il est tout enthousiasme, exagération, mensonge ingénu, vanité naïve, hâblerie provoquante, de façon à faire souvenir que le pays de Don Quichotte n'est pas loin. Aussi est-ce par ironie, à coup sûr, et froid humour, que Stendhal, dans ses *Mémoires d'un touriste*, prétendait reconnaître le Midi au

« naturel ». C'est tout le contraire qu'il faut entendre. Or si le méridional est, chez lui, bavard, menteur, excessif, il le sera bien davantage ailleurs. Là, dans ce pays de chaleur, il vit dehors, et le soleil harmonise tout. Il est un être de *plein air*. Paris lui forme une atmosphère enclose où ses gestes et sa voix paraissent plus exagérés encore. Il veut être à la hauteur du milieu, ne pas se laisser intimider, s'imposer et en imposer — alors, il s'exagère lui-même. Et c'est un provincial pire. Ses légers ridicules s'accentuent, deviennent énormes.

Alphonse Daudet s'en rendit compte d'autant mieux qu'il était naturalisé parisien et même un peu boulevardier. La blague boulevardière se greffa sur l'humeur déjà narquoise du Nîmois qu'il était, sur ce don de la *galéjade* qui est un des signes du Midi. Lui-même l'a constaté : « Il y a, dit-il, dans la langue de Mistral un mot qui résume et définit bien tout un instinct de la race : *galéja*, railler, plaisanter. » Chez lui, le mélange, ici encore, du Midi et de Paris, de la *galéjade* provençale et de la blague parisienne a composé un des aspects essentiels de son talent, cette ironie spéciale si alerte et incisive, si personnelle aussi.

Il y a lieu d'admirer combien l'ironie, faculté fréquente en littérature, est en même temps une faculté souple et nuancée. Chez Villiers de l'Isle-

Adam, l'ironie fut féroce. Nous la trouvons, chez M. Anatole France, dédaigneuse. Et quant à Alphonse Daudet, son ironie est attendrie, si on peut dire. C'est-à-dire que le premier mouvement de son esprit est d'apercevoir le ridicule, le défaut d'un être, la faiblesse d'une âme, le manque d'équilibre et de justesse, et d'en rire, et d'en faire rire ; mais le second mouvement est de se reprendre, de s'émouvoir, de voir — au delà de la silhouette comique d'une minute, de la parole sotte, du geste faux — l'être humain, le pauvre être humain, avec qui on a des fonds communs de tendresse, de douleur, d'humanité, de solidarité et, en somme, toute la même destinée. On riait aux larmes et voilà qu'on pleure un peu.

Ainsi, par exemple, il s'est souvent attaqué aux ratés ; ceux de *Jack* ; et Delobelle, le raté du théâtre ; d'autres encore. C'est qu'ils apparaissent, entre tous, ridicules et, en même temps, touchants. L'ironie et l'émotion, les deux qualités maîtresses du talent d'Alphonse Daudet, sont précisément celles qu'il faut pour les peindre. C'est pourquoi il excelle dans ces portraits.

L'observateur, qui avait vu juste, s'était égayé ; mais aussitôt le sentimental compatit. Nous nous rappelons, alors, que l'observateur est myope et qu'ainsi, voyant moins bien, il entend mieux, il entend ce que les autres hommes n'entendent pas. Peut-être a-t-il entendu le bruit des larmes dans les yeux...

Or les larmes sont contagieuses. Et Alphonse Daudet, après avoir raillé, s'émeut. La faculté des larmes est aussi naturelle chez lui que la faculté du rire. Cela résulte peut-être d'une adolescence inquiète dans un foyer où le malheur frappait aux vitres : « sa mère avec de grands yeux tristes » a-t-il écrit.

En tous cas, c'est un don précieux pour quiconque prend la parole devant la foule : orateur, écrivain, que ce don d'émouvoir, mouiller les yeux, faire jaillir la source divine et salée de ce rocher des cœurs qu'on croyait mort. Alphonse Daudet le possédait et lui dut pour une part le grand succès de ses romans ; à l'apparition de *Jack*, George Sand lui écrivait : « Votre livre m'a tellement serré le cœur que j'ai été trois jours sans pouvoir travailler. »

Ce sentimental, côte à côte avec l'observateur, c'est le poète qui vit dans le romancier et toujours intervient. Parfois même, après l'époque des débuts, et tout le long de l'œuvre, le poète recommença à parler seul : L'*Arlésienne* est plutôt, et restera, un poème de Provence, comme *Mireille* ; Le *Trésor d'Arlatan*, tout récent, avec ses paysages camarguais, sa sorte de sorcellerie paysanne et son merveilleux du Midi, fait songer à une idylle tragique d'un poète du félibrige, comme si Alphonse Daudet avait voulu se prouver à lui-même, pour une fois et par jeu, le poète provençal qu'il aurait pu être.

Subtil moyen de leurrer sa nostalgie !

*
* *

Mais n'a-t-il pas emporté le Midi avec lui, surtout le soleil, qui fait la vie de son style ? Quand on le lit, on lui applique la jolie phrase de Sainte-Beuve qu'on dirait trouvée pour lui : « Il a le style gai et qui laisse passer des rayons. » Cette manière claire n'est pas obtenue sans peine. La journée, quand elle est la plus lumineuse, est sortie d'un matin de brouillard. Alphonse Daudet, comme Balzac, comme tous les créateurs de vie, est attiré d'abord aux péripéties, au mouvement du drame et des êtres. Surtout que lui n'a pas de sangfroid et court d'une haleine jusqu'au bout du roman. Mais, ensuite, il revient sur ses pas. Souvent il a récrit un livre plusieurs fois, les feuillets du manuscrit étant divisés par moitié ou par tiers. Les phrases alors s'enjolivent, se concentrent. Il y a, dans sa manière, quelque chose d'égratigné, d'incisif, les hachures de l'eau-forte, les coups de crayon saccadés, où se continue la nervosité de la main. Et puis des grâces ajoutées, des roses piquées, des bijoux silencieux qu'une main de femme y entremêla. Collaboration amicale et avouée : « Notre collaboration, un éventail japonais : d'un côté, le sujet, personnages, atmosphère; de l'autre, des brindilles, des pétales de fleurs, la mince continuation d'une branchette, ce qui reste de couleurs et de piqûres d'or au pinceau du peintre », a écrit Mme Alphonse Daudet qui fut ainsi « compagne de sa vie et compagnon de ses idées », comme observa Vallès dans *Jacques Vingtras*, à propos du ménage Michelet (sans compter que Mme Alphonse Daudet produisit, en outre, toute une œuvre personnelle : *Enfants et Mères, Fragments d'un livre inédit*, etc., d'intimité subtile, émouvante et bien féminine).

Quant à l'œuvre d'Alphonse Daudet, on peut dire pour la résumer, qu'elle offre un fécond mélange d'imagination et de documents, œuvre de poète et d'observateur, qui enveloppa dans son style chatoyant la réalité indispensable. Ainsi les châsses dont tout l'or et les pierreries ne seraient rien pour éblouir les fidèles sans, au fond, quelque ossement qui les transfigure.

MARCELINE DESBORDES-VALMORE

Marceline Valmore est la plus grande des femmes françaises. A ceux qui insistent, aujourd'hui, sur l'infériorité des femmes, sur leur incapacité foncière et pour ainsi dire organique, il suffit de répondre par ce nom-là, une femme tout uniquement de génie, mieux que Georges Sand, trop consacrée, et qui, vraiment, ne fut, elle, qu'un homme de lettres.

Le signe de sa gloire, une gloire très tendre et très auguste, c'est que tous les poètes en ce siècle l'ont aimée également : Hugo, Baudelaire, Lamartine, assez chiche d'éloges, qui lui dédie des strophes d'encens ; Vigny, qui l'appelle le plus grand esprit féminin de notre époque ; Michelet, qui écrit : « Le sublime est votre nature » ; Sainte-Beuve, qui trace d'elle un subtil pastel, poussière d'immortalité ! — puis lui consacre tout un livre ; et d'autres encore : Barbey d'Aurevilly, Banville, Verlaine, — garde d'honneur autour de sa vie, autour de son tombeau, où sans cesse des mains pieuses arrachent les herbes d'oubli, restaurent ce nom qui doit durer.

Qu'est-ce qui lui vaut ce culte ininterrompu des poètes ? C'est que, en la lisant, on se prend à l'aimer comme une mère. Elle attendrit comme si elle était notre mère. C'est notre mère en double, dirait-on. Et comment chercher des défauts à une mère ? Oui ! sa poésie n'est pas précisément l'art que nous goûtions le plus. Pas de dessous, d'infini de rêve, de style subtil et rare. Mais c'est notre mère ; c'est une femme et exquise. Elle, surtout, a fait de la poésie vraiment féminine. Elle a un *sexe littéraire*. Elle a le cri des entrailles, la couvée silencieuse, les larmes promptes, les soubresauts de la passion, les déchirements, les trouées lumineuses, les jets de sang, comme a dit Barbier, les jets de sang de ses paumes, de ses pieds, de son front couronné d'épines, de son flanc percé, de toutes les blessures divines de cette Crucifiée de l'art.

* * *

Quelle existence fut plus cahotée, instable, douloureuse, assombrie sans cesse par les mécomptes, la mort, la pauvreté ? Comme par un signe de prédestination, elle était née devant un cimetière et joua, enfant, dans l'herbe des tombes. A quinze ans, la ruine. Son père était peintre d'armoiries d'équipages et d'ornements d'églises. Or la Révolution avait éclaté, ne voulant plus ni carosses, ni culte. La mère meurt. Marceline doit aider à vivre le père pauvre et sept enfants plus jeunes. Elle se résout au théâtre. Vers l'année 1804, elle est en représentations à Paris. C'est Grétry qui, l'ayant entendue par hasard, lui fit chanter sa *Lisbeth*. Elle avait déjà un air si brisé, si triste! Le musicien l'appelait : « Mon petit roi détrôné. » Dix ans de cette vie-là en province, à l'étranger, jouant à la fois les jeunes premières dans la comédie et les dugazons dans l'opéra. Puis elle cesse de chanter. Elle en donna plus tard à Sainte-Beuve l'adorable raison : Ma voix me faisait pleurer moi-même. »

Qu'était-il arrivé? Une peine profonde, un amour non payé de retour, un de ces misérables essais de bonheur d'où on sort plus morne et plus seul, et après lequel certaines femmes d'élite jettent pour jamais la clé de leur cœur dans l'éternité. Quel fut cet amour? Marceline en parla partout, sans cesse dans tous ses vers, et ne l'a nulle part nommé. Quelques-uns, aujourd'hui, ont voulu élucider le mystère, banale curiosité! L'important pour son œuvre, c'est que jamais elle ne se consola. Grand chagrin d'amour qui devait, jusqu'au bout, se lamenter au travers de sa vie, blessure d'eau ruisselant parmi les roches, accrue par l'obstacle des roches, sans qu'on sache de quelles hautes et lointaines collines la source a commencé de jaillir !

Même très tard, dans l'apaisement de l'âge, elle évoque encore cet amour dont elle est restée pâle, comme soufrée à jamais de cet orage du matin. Elle écrit à Pauline Duchambge : « La *seule* âme que j'eusse demandée à Dieu n'a pas voulu de la mienne. Quel horrible serrement de cœur à porter jusqu'à la mort ! »

Pourtant elle avait uni sa vie à un autre homme, le comédien Valmore, qui fut probe et bon.

Mais le malheur, toujours acharné, s'obstina après son foyer : elle perdit successivement ses deux filles dont les doux visages s'encadrent si souvent dans ses strophes : Ondine, puis cette frêle et frileuse Inès, qui mourut en plein printemps, comme une rose phtisique.

Avec cela, sans cesse une vie étriquée, incertaine, besogneuse. Ses chants divins ne lui rapportaient rien. Une gêne permanente, qui allait parfois jusqu'à la misère, aux crises noires.

Et pas même la pitié de la mort ! Elle vécut vieille, jusqu'à soixante-treize ans, avec l'horrible malchance finale d'une maladie cruelle qui la tint deux années dans son lit, impotente, déjà comme de l'autre côté de la vie, où elle

s'occupa jusqu'à sa dernière heure de corriger
de nouveaux vers, ceux qui ont constitué les
poésies posthumes et contiennent ses chefs-
d'œuvre : *Jours d'Orient, la Couronne effeuillée,
les Roses de Saadi.*

Et n'est-il pas naturel, après une telle vie,
qu'il semble en la lisant — comme elle a dit
d'un autre — qu'on sente souffrir le livre dans
ses mains ?

* *
*

D'ailleurs même avec une destinée clémente,
elle eût été malheureuse. Elle fut de ces sensitives se tourmentant elles-mêmes, souffrant pour des
riens, pour des nuances. Elle fut de ces inquiè-
tes qui peuvent dire comme Lamennais : « Mon
âme est née avec une plaie. »

Or cette plaie native s'élargît et saigna par
l'amour. Valmore a surtout aimé. Toute femme
qui écrit peut se définir d'un mot, celui qu'elle-
même, à son insu, emploie le plus fréquemment. Ainsi le mot « étreindre » pour George
Sand. Quant à Valmore, son verbe serait « aimer ».
Toute sa souffrance vient de l'amour, et aussi
son génie. Celui-ci, est tout amour. Sapho moderne, elle a trouvé, pour exalter et regretter
son premier amour mort, des accents frémis-
sants — flammes et roses ! — qui dépassent de

loin les poètes, même illustres, dont les *Nuits* paraissent, en regard, bien déclamatoires et fausses. D'ailleurs, elle a exprimé toutes les amours : amour de jeune fille, d'amante heureuse ou délaissée, d'épouse, de mère. Elle a dit toutes les nuances du grand cri. Et avec des trouvailles d'une intensité inouïe. « Tu ne sauras jamais à quel point je *t'atteins* », dit-elle à l'homme qu'elle aime. Puis vient cette notation, si spéciale à la femme en amour, de songer à la mère de l'amant qu'elle adore, par qui il fut aussi aimé d'un amour de femme illimité. C'est presque une jalousie, mais très douce, à cause des souvenirs communs. Et elle a ce cri virginal pour s'affirmer plus aimante. : « Plus grand que son amour, mon amour se donna. » A propos de ses enfants, elle note : « Cet amour-là fait souffrir aussi, comme l'autre. »

Cent choses d'une psychologie, d'une pénétration, d'une divination qui va jusqu'au plus secret de la tendresse, jusqu'au plus tenu des fibres intérieures, jusqu'au plus infinitésimal des contacts du cœur avec les autres cœurs; et tout cela vu comme aux lueurs d'un éclair, tout cela pathétique, attendrissant, comme si, chaque fois, elle avait pleuré sur son vers au moment où il se traçait sur le papier, et qu'il fût né moins dans l'encre que dans une larme.

Car tout aboutit invariablement à des désespoirs, pour cette âme nostalgique et trop sensible. Fragile âme blanchie, d'un blanc frileux et qui vite s'écroule en pleurs, comme la gelée, en hiver, sur les vitres. Pourtant Valmore fut plus forte que la douleur et le malheur. Elle avait adopté une sûre défense, ce mot céleste, pour sa devise et son cachet : « *Credo*, je crois. » Ce que Sainte-Beuve toujours un peu malicieux traduisait ainsi : je suis crédule.

Eh bien! non! Elle crut vraiment. L'amante devint chrétienne. Dans la Sapho se leva une sainte Thérèse. Celle qui avait eu des cris de passion trouva des hymnes de foi. Elle reporta à Dieu tout l'amour qu'elle avait égaré sur les créatures et les choses d'ici-bas, dont plus aucune dorénavant ne l'attirait et ne la valait. « Tous mes étonnements sont finis sur la terre », soupire-t-elle avec mélancolie.

Encore un temps, elle reste imprégnée de l'ancien amour profane. Déçue dans ses affections terrestres, elle s'en retourne à Dieu avec les mêmes lèvres et les mêmes incantations amoureuses. On la dirait maintenant l'amante de Dieu. Est-ce que Sainte Thérèse aussi ne parlait pas à Jésus comme à un bien-aimé ? On connaît ses mystiques effusions si passionnées : « L'amour que je t'ai voué me meut tellement que, n'y eût-il pas de ciel, je t'aimerais et n'y eût-il pas d'enfer, je te craindrais. Je me donne à toi sans rien te demander ; même sans espérer ce que j'espère, je t'aimerais encore autant. »

Quant à Valmore elle s'épure bientôt, pacifiée, purifiée. La passion véhémente se cargue. Ses poèmes prennent quelque chose de chuchotté, de confidentiel. C'est la prière avec la naturelle confiance et aussi le naturel effroi, cette nuance caractéristique de l'adoration chrétienne. Elle parle à son Père, lui raconte ses peines anciennes et les glorifie quand même. Elle a des hymnes, des oraisons, des litanies, revenues du fond de la petite enfance. Les strophes se déplient comme les mousselines retrouvées de sa toilette de première communiante... Ah ! les uniques paroles de prières qu'elle a su trouver, après les uniques paroles d'amour. Baudelaire, férocement misogyne, se demandait quelle conversation les femmes peuvent bien avoir avec Dieu et pourquoi on les laissait entrer dans les églises. Il n'avait pas songé à Valmore, qu'il aimait pourtant, ni aux prières que sont tels de ses poèmes, des prières câlines, abandonnées, immatérielles pour ainsi dire, paraissant ne plus appartenir à la terre et être le bruit d'une âme qui est déjà plus près de Dieu que de la vie.

⁂

D'ailleurs, toujours elle donna cette impression de planer. Elle plana même, et surtout, au-dessus de la littérature. Les modes n'eurent aucune prise sur cet art inné, qui, dans sa sincérité, trouva une note, un accent, un style, un vers à peine condensé au fur et à mesure, mais demeuré presque invariablement le même à travers une production de cinquante années. Même la formidable révolution romantique n'eût point de prise sur elle et ne l'influença en rien. Or d'être instinctif, son génie précisément fut novateur. Elle a presque autant inventé que Victor Hugo quant à la prosodie, et aux détails du vers. La première, elle réemploya avec fréquence les mètres impairs ; vers de cinq, de sept, de neuf, de onze, de treize syllabes. Et comme elle y réussit !

> D'un ruban signée
> Cette chaise est là
> Toute résignée
> Comme me voilà !

Comme me voilà! N'est-ce pas déjà tout le ton, toute la simplicité émouvante de Verlaine, Verlaine qui fut un fils d'elle, né de sa divine maternité poétique, filialement en aveu du reste, et aux aguets dans ses *Poètes maudits* pour qu'on lui rende honneur, à celle d'où il sort. Quel honneur pour elle d'être son initiatrice et la mère d'un tel fils !

Comme lui, elle avait déjà tout ceci : exquis abandon, simplicité de l'âme, négligé des mots, adorable déshabillé de la phrase — comme au saut du lit — faisant sa prière du matin. Et aussi ce quelque chose de susurré, de gémi, d'à peine convalescent, d'inquiet et cependant de confiant, chambre de malade à la fenêtre ouverte sur un commencement d'avril.

Et déjà les familiarités charmantes, ce sans-façon presque *parlé* qui enlève au vers toute allure déclamatoire et du Midi, son grand geste. Elle aussi, comme Verlaine, revendiqua le Nord, son Nord, cette ville de Douai avec un beffroi et des demeures à pignon, où elle demandait d'aller mourir, qu'elle appelait si joliment « ma natale » et dont les souvenirs, la Notre-Dame, la vallée de la Scarpe, les tours, les jardins ponctués d'abeilles, emplissent son œuvre, influencèrent son art. (Celui-ci, en prit ce qui caractérise tout art du Nord : la nuance).

Souvent également les répétitions, les allitérations, affectées dans la suite par Verlaine et les plus récents poètes :

Une autre, une autre, et puis une autre l'entendra !

Enfin maints mots transposés, inventés ou

composés, mais avec quelle délicate prudence toujours heureuse : *angéliser*, *entr'ailer*.

Mais pourquoi s'ingénier aux nuances de toutes les plumes et de tous les duvets quand le cygne sanglotant s'est envolé si haut et pour toujours dans des ciels d'éternité !

M. J. K. HUYSMANS

M. Huysmans qui, à ses débuts, collabora aux *Soirées de Médan*, eut l'air d'acquiescer à la manière naturaliste, n'y trouva en réalité qu'un moyen de satisfaire son naturel pessimisme. Peindre la laideur, les vices, les misères, la chair triste, les cœurs pourris, les linges sales, c'était l'occasion d'exprimer son dégoût de la bassesse contemporaine. Vite il chercha à s'en évader. Comme Baudelaire, après sa moisson de « fleurs du mal », il eut ses « paradis artificiels », c'est *A Rebours*. Mais ceci n'était qu'une étape et, dans *En Route*, il raconta ensuite, nous ne voulons pas dire une conversion, mais une crise religieuse singulièrement pathétique.

Il s'agit d'un homme, las des êtres et des livres, qui se met à fréquenter les églises, les offices, se lie avec un prêtre éclairé, va passer un temps de retraite dans une abbaye de Trappistes et, confessé, communié, rendu à Dieu, rentre dans la vie et dans Paris en concluant : « Ah ! vivre, vivre à l'ombre des prières de l'humble Siméon, Seigneur ! »

Y a-t-il là une simple affabulation de roman ? Est-ce uniquement pour se documenter que M. Huysmans, depuis ces dernières années, à la surprise de ceux qui le connaissaient, devint peu à peu l'assidu des messes, des saluts, pélerina de Saint-Sulpice et de Saint-Séverin aux chapelles privées et singulières de Paris, celle, par exemple, si curieuse, des Bénédictines du Saint-Sacrement, rue de Monsieur, où il alla lotionner ses yeux las à la fraîcheur des cantiques, se désaltérer à l'orgue, aux affluents débiles que sont les voix des nonnes chantant au jubé, tandis que le fleuve de l'orgue déferle...

Nous savions aussi qu'il s'était instruit dans toute la Mystique, familier avec sainte Thérèse, Catherine de Gênes, Emmerich, Ruysbroeck l'Admirable.

Enfin, n'alla-t-il pas lui-même s'interner un moment dans le silence d'un cloître champêtre de la Trappe ? Ce Durtal qu'il nous y montre, en proie à Dieu, est-ce lui-même et subit-il de son côté la crise de foi qu'il nous décrit ? S'agit-il d'une autobiographie, et fait-il allusion à son cas quand il s'écrie : « Je suis allé à l'hôpital des âmes, à l'Eglise ? » On pourrait le croire, tant l'analyse est aiguë, minutieuse, d'autant plus que souvent, au lieu d'objectiver, de créer des personnages fictifs, M. Huysmans, dans ses romans, en revient toujours à lui-même, et que ce type de Durtal, apparu déjà en un précédent livre, semble raconter ses propres états d'esprit et se transposer en une personnelle et successive vivisection d'âme.

Il y a lieu de le supposer d'autant plus que, parmi les causes de ce ralliement à Dieu, le romancier signale, chez Durtal, l'ennui de vivre et le dégoût du monde.

Or M. Huysmans aussi nous offre encore une fois les mêmes symptômes personnels depuis ces dernières années. Il a avéré une misanthropie sincère. Après avoir fréquenté des artistes, des écrivains, naguère, il s'est soudain replié sur lui-même, comme le converti du roman, lui aussi solitaire, aigri, malade, dépris, n'allant nulle part, ayant renoncé aux milieux littéraires et mondains où sa noble nature franche ne pouvait s'accommoder des mensonges, vilenies, abdications, promiscuités. Isolement logique ! Subtil et magnifique dans son art, il devait se trouver, en s'élevant, de plus en plus isolé. Qui ressemble aux grandes âmes ? L'océan gémit parce qu'il est dépareillé. Tous les traits et les mobiles qu'il prête à Durtal, sa vie elle-même nous en offre l'exemple. N'est-il donc pas permis d'imaginer que cette crise religieuse qu'il peint avec tant d'intensité fut la sienne ? Voyez alors l'avertissement singulier de la destinée et les les correspondances mystérieuses entre les choses : M. Huysmans habite depuis longtemps un calme logis de la rue de Sèvres faisant partie d'un ancien couvent de Prémontrés aux toits de tuiles fanées, comme s'il avait fallu d'abord que cette âme fut investie en silence, cernée par tout ce qu'il y a de foi, d'encens induré, de prières survécues dans les vieilles pierres qui furent une abbaye.

*
* *

Dans le cas où la crise religieuse que *En Route* raconte lui serait personnelle, on peut dire que l'écrivain s'en est venu de loin vers Dieu. On connaît ses œuvres de début, osées, charnelles : *En Ménage*, les *Sœurs Vatard*, le *Drageoir aux épices*. Littérairement, il fut, entre autres, *un odorat*, à preuve ce nez busqué et embusqué sur son profil maigre, un nez de proie, un nez qui lui donne une tête d'oiseau de proie, de grand vautour chauve. Or, il aima l'odeur du péché, nota les relents coupables de la femme, tout ce qui monte, faisandé et blet, de la grande ville. Car le péché est surtout odeur. Eprouva-t-il une sensualité nouvelle à subodorer la senteur maladive des églises : nappes d'autel défraîchies, encens fané et cires — mortes de se pleurer ?

Déjà dans *A Rebours* on pouvait prévoir la

crise religieuse. Il y fit le tour des idées et des vices, perversités extrêmes des décadences, péchés contre l'Esprit et contre nature, après quoi sembla s'annoncer l'approche de Dieu. A la fin, Des Esseintes, courbaturé de trop de coupables délices, tombait à genoux ; et, au-dessus des fards, des tableaux pervers, des lits défaits, une prière clôturait l'œuvre et s'envolait, oiseau blanc, dans le blanc de la page finale. C'est que, à la suite de ce livre, il ne restait plus à prendre qu'un des deux partis indiqués par Barbey d'Aurevilly à Baudelaire après les *Fleurs du mal* : « Ou se brûler la cervelle, ou se faire chrétien. »

*
* *

Nous ne savons pas si M. Huysmans s'est fait chrétien, mais il a écrit en tout cas une œuvre chrétienne. Nous voyons chez Durtal l'acheminement, les étapes de la foi, les voies de la grâce, la manigance céleste, le minime et quotidien acccroissement, le léger vent qui vient des plages du ciel et accumule, sable à sable, ces dunes d'or dont une âme d'élite va s'ourler et qui la sépareront de la vie mauvaise. Nous assistons à cette cure sévère qu'est un séjour à la Trappe : efforts, prières, tentations dernières de la volupté, embûches de l'esprit, blasphèmes, rires, objections, négations. — « Mais si c'était intelligible, ce ne serait pas divin ! » Et enfin la victoire céleste ! Lutte pathétique où renaissent les orages de Pascal. Sans compter que cette langue de M. Huysmans, toute admirable, ajoute le frisson de ses teintes électriques, vénéneuses, d'un ciel pourri où se lèvent soudain des mots qui sont un lys de Memling, une clé ouvrant sur le mystère, la plaie de Jésus qui ne saigne plus, mais s'effeuille, dirait-on. Intensité de psychologie inouïe, à croire que M. Huysmans ne décrit que ce qu'il a ressenti, vécu, et que lui-même, aujourd'hui, est une grande âme de plus vaincue par ce que Chateaubriant appelait « le génie du christianisme. »

* * *

Car Chateaubriand marche en tête de cette troupe sacrée qui aura appartenu à l'Eglise. N'est-ce pas merveilleux, en un temps où on disait la foi morte, de constater combien de grands écrivains de notre siècle ne l'auront pas quittée ou y seront revenus ? La religion peut en revendiquer beaucoup : outre Chateaubriand, Lamartine aussi, et Barbey d'Aurevilly, d'un catholicisme absolu quoique ostentatoire ; Baudelaire qui fut lui-même un poète, un peu satanique aussi, mais seulement en tant qu'il y a des gargouilles de démons aux flancs d'une cathédrale. Puis Veuillot, spadassin de Dieu, et Hello, d'une foi si lyrique et qui s'exaltait en effusions de grands arbres.

Et Villiers de l'Isle-Adam, qui, sur son lit de mort, tenait dans ses mains, déjà de la couleur de la terre, les épreuves d'*Axel*, pour avoir le temps de les corriger selon la Foi.

Et Verlaine, enfin, qui lui-même a raconté sa conversion dans un lieu de retraite où « le chevalier Malheur » l'avait mené. Et l'éclosion, dans cet abandon, de ce livre *Sagesse* où le poète inventa des litanies nouvelles. « Fils soumis de l'Eglise, le dernier en mérites, mais plein de bonne volonté », déclara-t-il dans la préface.

M. Huysmans est-il « en route » pour le même aveu et la même conclusion ? Il n'y aurait qu'à s'en réjouir, et de ce qu'il entre à son tour dans cette lignée où déjà son grand talent lui assignait une place, royaux esprits qui, durant tout le siècle, se passèrent de main en main, comme les coureurs antiques, le flambeau de la Foi allumé à l'étoile de Bethléem.

..*

Littérairement on peut conclure que M. Huysmans avec : *A Rebours, Là-Bas, En Route*, aura terminé un triptyque comme ceux que peignaient les peintres de sa race — il est originaire de Bréda — ces maîtres hollandais et flamands dont il a l'imagination fiévreuse, le coloris massif et violent.

On songe surtout devant ces trois livres au triptyque de Quentin Metzys qui est au Musée d'Anvers, un des chefs-d'œuvre de tous les siècles et de toutes les écoles.

Dans le volet de gauche, Hérodiade est assise à côté du Tétrarque à la table du festin où, parmi les roses, les cristaux, les argenteries, songe le chef décapité de Jean-Baptiste que la favorite taquine du bout de son couteau d'or comme un fruit de plus parmi les autres fruits du dessert. Salomé vient de danser. L'odeur du sang se mêle à l'odeur du sexe. Volupté, cruauté, complication des vieillesses de l'âge et des vieillesses du temps, raffinement des décadences. Ce volet-là c'est *A Rebours*.

Dans le volet de droite un bûcher mauvais s'allume. Des hommes aux visages déformés, aux yeux de concupiscence, y jettent des sortilèges et des maléfices, cherchent dans les flammes des formes qui s'enlacent, se pâment, défaillent. Le feu a l'air de sortir par un soupirail de l'Enfer soudain ouvert. Ce volet-là c'est *Là-Bas*.

Et voici le panneau central : la figure lamentablement douloureuse, mais tendre, de Jésus, victime expiatoire, Christ dépendu, dont la plaie au flanc coule, intarissable, offre sa fiole rouge, élixir de guérison, dans cette grande pâleur séculaire... Salut permanent et immanquable ! C'est *En Route*, livre principal au travers duquel Jésus repose...

Triptyque littéraire, admirable et qui a déjà un air d'éternité, la patine des œuvres qui sont dans les musées.

LAMARTINE

Après cent ans écoulés, la parole de Humbold reste vraie : « Lamartine est une comète dont on n'a pas encore calculé l'orbite. » Car, même aujourd'hui, il est difficile de préciser la parabole de cet errant du génie qui a laissé un peu de lui dans toutes les âmes.

Lamartine ! ah ! le doux nom ! et quel coup d'archet sur nos souvenirs ! N'est-ce pas lui, quand nous le lisions à quinze ans, au collège, qui nous fut la première révélation de la Poésie ? Au même moment, il nous fut aussi la première révélation de la Femme, car ses vers à Elvire et à Graziella donnaient comme un visage aux rêves encore informulés en nous.

Lamartine nous a suscité jadis toutes ces émotions-là. Nous l'avons plus qu'admiré; nous l'avons aimé. Voilà pourquoi la lecture, plus tard, en paraît fade et décolorée.

Il en est de ses poèmes comme de ses lettres d'amour, qu'on ne doit jamais relire; ce n'est pas qu'elles soient autres, mais nous-mêmes nous avons changé; nous n'avons plus l'âme qu'il faut, l'âme ancienne toute neuve et impressionnable.

Pour Lamartine aussi il vaut mieux *se souvenir de l'avoir lu* — lui qui nous demeure, à travers les années, comme la douceur d'un ancien amour!

*
* *

Et pourtant, qui fut jamais plus poète, dans le sens originel et foncier? Chez lui, la poésie était un acte spontané de la nature, comme la respiration ou la circulation du sang. Il était lyrique de la tête aux pieds, a-t-on dit.

Il a chanté sans savoir comment ni pourquoi, comme la mer, et comme la forêt — frère lui-même de ces infinis qui rendent tous un son pareil!

Car il n'avait rien appris. C'est un ignorant qui ne sait que son âme, observa un jour Sainte-Beuve. Tout au plus connaissait-il l'irrémédiable mélancolie de son précurseur Chateaubriand, âme orageuse à l'image et à la ressemblance de ses horizons maritimes de Bretagne, et les sublimités de la Bible dont précisément, dans son entourage, on s'occupait beaucoup à cette époque. Deux de ses amis, M. de Genoude et M. Dargaud, avaient traduit les *Psaumes* et les *Livres*.

Lui-même apparut comme un jeune roi David, ayant songé d'abord à intituler ses Méditations *Psaumes modernes*, comme l'atteste le premier manuscrit retrouvé. Et il avait vraiment l'éloquence douloureuse du psalmiste et des prophètes, celui que George Sand appela le Jérémie de la Restauration.

Son succès fut immédiat et prodigieux : en un soir, ayant dit ses premiers vers dans le salon de Mme de Saint-Aulaire, où venaient Guizot, Decazes, Villemain, toutes les jeunes gloires du moment, il était devenu célèbre.

Son premier livre, accueilli avec tremblement par l'éditeur Nicolle, fut tiré en peu de temps à quarante-cinq mille exemplaires. Tout le monde le lut, s'enthousiasma, pleura. Dans les promenades publiques, dans les jardins, on s'isolait pour lire sous les arbres les vers des *Méditations*.

C'est que, par un miracle unique, son âme s'était trouvée en communion avec tous. Il avait été l'âme de la foule. Il avait été les eaux de sa soif, la parole de son attente. Après tant de ruines, de secousses et de révolutions, après tant de négations, le poète était apparu disant l'éternité et la certitude de Dieu, parlant d'idéal et d'infini. A cette foule qui avait traversé la nuit et cru mourir, dont on avait conduit les pères en troupeaux à la guillotine, puis aux boucheries plus sanglantes encore de la guerre, il venait dire : « L'homme est un *dieu* tombé !... »

Et puis, il y a autre chose : ce commencement de siècle qui marquait une renaissance était comme une puberté qui s'élabore; il avait les troubles, l'incertitude, l'angoisse sans cause, la mélancolie de la vierge qui devient nubile et sent déjà l'avenir lui tourmenter le sein.

La poésie de Lamartine répondit à tous ces vagues élans, elle qui, non contente de diviniser la vie, divinisa l'amour. Ah! ce fut même son plus suave enchantement! Le « dieu tombé » retrouvait dès ici-bas un ciel dans l'amour, l'amour plus fort que la mort elle-même, puisque l'amante soupirait à l'amant : « Je ne comprends pas le ciel même sans toi ! »

Le *Lac*, les stances à Elvire, l'élégie du *Premier regret* donnaient un avant-goût d'infini : « O temps ! suspends ton vol ! » et promettaient des minutes divines où, vivant — grâce à l'amour — on vit déjà d'éternité !

Et cela n'apparut pas comme une imagination impossible, un leurre consolant de poète. Il prêchait d'exemple. On voulut aimer à sa façon; il avait créé une nuance nouvelle d'aimer et d'être aimé, car on savait que lui-même avait vécu de telles amours. Ses aventures italiennes, la mort de la pêcheuse de Procida faisaient autour de sa jeune tête de héros un nimbe de légende et de mélancolie. On ne l'en aima que davantage — et d'avoir l'air si triste, étant si beau.

Il disait : « Nulle part le bonheur ne m'attend ! » dès la première pièce de son premier livre; et plus tard, dans le poème sur la mort de sa fille, il se nommait encore « un homme de désespoir ».

D'un bout à l'autre la même attitude et la même parole : « Voyez s'il est une douleur comparable à la mienne ! » Lamentation prodigieusement habile, si elle n'eût pas été sincère. Certes ce n'est pas un mot de dieu, de génie ployant sous la croix de son art. C'est le mot de la mère; d'une femme. Jésus lui disait : « Ne pleurez pas sur moi ! » Voilà le mot vrai; la posture qu'il fallait. Mais si le poète y eût gagné à nos yeux, la foule aime mieux ceux qui demandent sa pitié.

Et elle donna tout à Lamartine : sa pitié, son admiration, son temps, ses larmes, son or, son délire. Il fut vraiment, selon l'image de Shakespeare, porté en triomphe sur tous les cœurs.

Ce triomphe dura vingt ans, vingt ans d'une existence comme une féerie. « Vous auriez dû être roi », lui disait un jour un de ses flatteurs. Il vécut tel : aimé, acclamé, dans un luxe qu'aucun poète n'avait jamais connu, semant les secours et les dons, voyageant avec une suite, partant sur un navire acheté par lui pour cet Orient mystérieux qu'il a décrit et où les Arabes du désert eux-mêmes, frappés de sa royale prestance, l'appelaient l'*émir frangi*.

Si habitué à ces hommages unanimes, à ce culte et à cette frénésie de respect qu'un jour, à propos d'un jeune écrivain qu'on le priait de protéger, il déclara avec une fatuité touchante : « Il ne fera jamais rien. Il n'a pas été ému en me voyant. »

*
* *

Malheureusement, la Poésie, qui lui avait donné tant d'années de gloire et d'une existence sans pareille, ne sut pas le retenir exclusivement. Déjà, en 1831, il avait publié sa *Politique rationnelle* et brigué un mandat législatif. On prétend même qu'il n'entreprit son lointain voyage en Orient que par dépit de cet insuccès. Or ce voyage devait, par un hasard inouï, le pousser, à son retour, plus décidément encore du côté de la politique. Il avait rencontré dans les solitudes perdues du Liban cette bizarre lady Esther Stanhope, qui lui avait dit, après avoir consulté les étoiles et lu les signes de sa main — géographie mystérieuse des passions et des destinées : « L'Europe est finie ; la France seule a une grande mission à accomplir encore. Vous y participerez. »

Le superstitieux poète crut à l'horoscope de cette magicienne en cachemire jaune et turban blanc, qui fumait devant lui une longue pipe orientale; et dès son retour, sans doute, il rêvait déjà de réaliser son oracle, tandis que le navire, en route pour la France, marchait d'étoile en étoile...]

Bientôt il se fit élire à la Chambre :

— Où allez-vous vous asseoir dans l'Assemblée ? lui demanda un de ses amis.

— Au plafond !

Ceci marquait chez Lamartine lui-même la sensation qu'il se trouverait peu à sa place parmi les intrigues et les rouerics d'un Parlement.

Comment ! le mélancolique poète allait s'occuper de politique et tenter de diriger l'opinion? Mais est-ce que le clair de lune ne gouverne pas la marée et n'attire pas avec ses yeux la souffrance de la mer?

Lamartine, lui aussi, rêvait d'attirer le peuple à lui. Il avait mis Dieu dans la poésie et dans l'amour. Il voulut mettre Dieu dans la politique — le mot est de lui — créer une République évangélique où on gouvernerait la nation par ses vertus.

Il faillit presque y parvenir dans cette extraordinaire aventure de la Révolution de 1848 qu'il prépara avec les *Girondins* et dont il fut le promoteur et le héros. On ne peut pas lire aujourd'hui sans stupéfaction les détails du rôle qu'il joua à ce moment : sa lucidité d'esprit, son audace, son courage durant ces jours où, grâce à ce magnétisme, à ce *fluide charmeur* qui furent toujour en lui, vingt fois il arrêta l'anarchie; où vingt fois il prit la parole, tête nue, sous les fusils braqués, bravant la mort, nouvel Orphée qui apprivoisa le lion populaire et l'entraîna avec des chaînes de fleurs. On connaît sa phrase célèbre sur le drapeau tricolore qui n'était qu'une sublime inspiration de plus après tant d'autres, où son patriotisme, pendant ces journées de février, se multiplia.

Dans l'hagiographie, on apprend que certains saints vécurent toute leur vie en état de grâce.

On peut dire de Lamartine qu'il a été toujours en état de génie.

*
* *

Mais le génie ne va pas sans la couronne d'épines. Lamartine porta la sienne. Que n'était-il resté à la porte de la République! Platon l'eût couronné de roses. Des plus hauts sommets de la popularité il tomba, selon la parole de Milton, dans les mauvais jours et dans les mauvaises langues. La Révolution avait achevé de le ruiner. Quelques semaines avant les événements de février, un traité lui achetait ses œuvres littéraires pour 540,000 francs. Par honnêté et pour sauver de la faillite son libraire, il déchira le traité. Depuis longtemps, il semait l'or et les charités avec une prodigalité inépuisable. A un ami dans la gêne il écrivait : « Je ferai couper mes plus beaux arbres. » Alors, devant ce gouffre de dettes (plus de deux millions), Lamartine empoigna sa plume comme un outil et pendant vingt ans remplit de sa fière écriture du papier blanc accumulé, qu'il jetait à ce gouffre.

Cela ne suffit même pas ; et vinrent alors les grands déboires, les humiliations publiques : la vente de Milly, la loterie, la souscription nationale — toute la lie, toutes les feuilles mortes de l'automne de la vie.

Et aucune pitié ! Louis Veuillot, qui a la triste gloire d'avoir trouvé tous les mots cruels sur son temps, proclama : « M. de Lamartine n'a plus une lyre ; c'est une tirelire. »

Et si, pourtant ! il la possédait encore, cette lyre ancienne ! et malgré l'horreur des quotidiennes besognes, encore et toujours — dans ses pages obligées, tout au long des *Confidences*, de ses livres d'histoire, de son *Cours familier de littérature*, — des vibrations éclatantes, des coups d'ailes soudains, des ruissellements d'âme et de pierreries, tout un trésor intérieur que sa longue vie orageuse n'avait pas suffi à dilapider.

Mais plus de poèmes, hélas ! à cet âge pourtant où Victor Hugo, lui aussi frappé par la politique, allait commencer ses chefs-d'œuvre.

Lamartine maintenant aurait pu écrire son *Livre de Job*; mais, lui, manqua de loisirs parce qu'il manqua d'argent. Il fallait de la prose solide et marchande. Plus d'épisode nouveau pour faire suite à *Jocelyn* et à la *Chute d'un ange*, ni les *Pêcheurs* annoncés, ni l'autre fragment sur la vie religieuse dans le cadre de la Judée.

Et pas non plus ce retour sur les œuvres anciennes qu'il avait appelé lui-même des « improvisations poétiques » et promis de « polir à froid ».

Vain espoir ! l'homme, pas plus que l'Océan ne peut revenir sur ses traces et retoucher ce qu'il a laissé derrière lui.

C'est tout polis que la mer jette au rivage ses galets après les avoir longtemps roulés dans ses marées.

Au contraire toute l'œuvre de Lamartine fut hâtive, d'une forme lâchée. Aussi, dans ses préfaces, redoutait-il lui-même le dédain des délicats. Il n'ignorait pas non plus les caprices fantasques de la vogue, l'effrayante mobilité des goûts littéraires qui démodent vite les œuvres. Surtout pour celles qui appartiennent plus au passé qu'à l'avenir. Il y a des poètes qui ouvrent une époque et une poésie, tel Victor Hugo. Au contraire Lamartine ferma une époque. Il résume

Piron, Millevoye, Lebrun, Soumet, tous ces poètes intermédiaires, non sans talent, qu'il continue en somme, mais absorba dans son rayonnement. C'est en ce sens que Rivarol a dit : « Le génie égorge ceux qu'il pille. »

Mais tout en craignant pour l'avenir, il se consolait en affirmant : « Il y a des anniversaires d'idées dans la vie des siècles. » Et, en effet, on a pu assister, ces dernières années, à un renouveau de sa gloire, qui sans cesse recommencera par intervalles. Car la forme de sa poésie est sans date. Elle est classique et elle est moderne. La langue est large, peu raffinée et vaut moins par le choix des mots que par un rythme général. Or c'est par le vocabulaire d'abord qu'une poésie se démode. Celle-ci est toute de musique. Elle se borne à de grands *planements*.

Quant au fond, elle s'en tient à ce qu'on peut appeler les lieux communs de l'humanité : la nation, l'amour, la religion, la douleur, mais on peut dire aussi que ces thèmes sont ceux de l'âme elle-même, l'âme éternelle, la Psyché nostalgique et vagabonde, et qu'un poète se haussant jusque-là émouvra davantage et avec plus de durée qu'un poète exprimant seulement les sensations personnelles et fugitives de sa seule âme ou de ses nerfs.

Qu'importe d'ailleurs pour Lamartine si, des

thèmes choisis, il sut faire véritablement des *concerts*, selon l'expression qui lui était familière, aujourd'hui vieillie, mais si juste.

Chaque fois qu'il a pris la parole : soit sur la page blanche où tombaient ses poèmes spontanés; soit à la tribune; dans les rues, les jours de révolution; à l'Académie, où son discours de réception souleva d'un élan toutes les questions du temps et de l'éternité, chaque fois ce fut vraiment « un concert », une voix plus qu'humaine, une vaste musique rebelle aux subtilités, mais qui enveloppait toutes les âmes dans ses grands plis.

Et c'est ainsi qu'il semble devoir s'éterniser pour l'avenir : Lamartine est l'Orgue de la poésie du siècle.

M. OCTAVE MIRBEAU

On pourrait dire de M. Octave Mirbeau qu'il est le don Juan de l'Idéal.

Don Juan est le grand incontenté. Il a une curiosité inquiète, des aspirations infinies et peut-être aussi un goût des expériences. Il appartient à cette famille des lunatiques dont il est parlé dans Baudelaire : « Tu aimeras le lieu où tu ne seras pas, l'amant que tu ne connaîtras pas... » Toujours changer, se quitter, chercher ailleurs, versatile pèlerin de l'amour! Tirso de Molina le vit passer dans les oratoires de Séville, guettant quelque infante aux yeux tristes, lui-même pâle comme la cire du chandelier, Molière aussi le rencontra, et Mozart qui nota l'harmonie de ses plaintes, et Byron et Musset. Personnage fuyant, inassouvi, énigmatique surtout. Il a sur la face un sourire, car le sourire seul est énigmatique. Mais son sourire est plus proche des larmes que du rire. Il apparaît le plus triste d'entre les hommes pour avoir voulu l'absolu. Pourtant son obsession était restreinte; elle fut purement féminine. Don Juan ne chercha l'absolu que sous une seule forme : l'Amour.

Que dire de celui qui serait le Don Juan de tout l'Idéal? M. Octave Mirbeau y fait songer. Il n'y a pas que l'absolu de la beauté. Il y a l'absolu de la bonté, du bonheur, de l'art, de la justice. L'amour du cœur va à d'autres choses qu'à la femme : on veut aimer des tableaux, des livres, les malheureux, les pauvres, les fleurs, les morts, les nuages — on veut pouvoir s'aimer soi-même. Comment faire avec un seul cœur, si exigu, et qui contient si peu? Pourtant il faut aimer encore. On n'a pas assez aimé. On s'est trompé en aimant. Alors on vide son cœur — pour le remplir de nouveau. On se déprend, parfois, mais c'est afin de se passionner autre part.

C'est la nature de don Juan... Or M Octave Mirbeau lui ressemble comme un frère, plus souffrant, plus inassouvi, puisqu'il aime davantage et que son idéal est sans limites.

Lui aussi a un sourire : son ironie, une ironie spéciale, hautaine et grinçante, d'une originalité unique et qui constitue une de ses plus fortes vertus littéraires. Encore un peu, ceux qui ne voient pas assez le fond des choses l'auraient pris pour un pamphlétaire, à cause de cette ironie, parce qu'il publia les *Grimaces*, qui furent parfois de cruelle satire, et parce qu'il écrivit de mémorables « éreintements », des portraits justiciers, eaux-fortes où la plaque avait reçu d'indélébiles morsures. Mais ceci encore, n'est-ce pas la logique même de don Juan? M. Mirbeau veut l'absolu dans la beauté, dans l'art, dans la justice, comme don Juan voulait l'absolu dans l'amour. C'est pourquoi il accable de sa puissante raillerie, de ses invectives aux vols d'aigles et d'ouragans, de sa haine loyale, les mauvais écrivains, les mauvais riches, les *Mauvais Bergers*, comme il dit dans son drame.

Mais haïr est la même chose qu'aimer. La haine ne provient que de trop d'amour. On le croyait cruel et inexorable. Ah! comme il est différent, et tout le contraire même, pour ceux qui le connaissent bien, ont approché tout près de ce cœur ombrageux et orageux. Contradiction de l'apparence! Même au physique, si son allure décidée, sa rousse moustache militaire disent l'audace, la bravoure, le goût du combat, il y a là, dans ce visage, des yeux bleus si ingénus, si tendres, si jeunes encore dans la figure plus âgée, des yeux comme ceux des enfants, des yeux comme les sources dans la campagne, des yeux qui croient à la bonté, à la loyauté, des yeux qui tout de suite s'apitoient, des yeux mouillés et comme faits avec des larmes qui attendent...

Ainsi pour l'âme... On croyait M. Octave Mirbeau uniquement belliqueux, voire un peu féroce. En réalité, habitant loin des villes et en pleine Nature, il était toute douceur et vivait avec les fleurs. Sainte Thérèse, qui fut aussi une passionnée, a dit qu'elle se clarifiait les yeux chaque matin avec des roses. M. Octave Mirbeau aima toutes les fleurs qu'il a nommées « des amies violentes et silencieuses ». Dans son jardin de Poissy, où il a des collections admirables d'iris, de roses, de pensées, il faut le voir, compétent comme un horticulteur de Harlem, qui les veille, les caresse, les appelle par leur nom...

Certes, il les aima pour leur beauté, mais sans doute aussi et principalement pour leur fragilité. Car il est, avant tout, un grand cœur miséricordieux. Toute son ironie provient de toute son indignation, toute sa colère de toute sa pitié. Ses larmes deviennent des projectiles... C'est un sentimental sanguin.

Et, en effet, après ses combats, voici tout aussitôt de lyriques effusions, des dithyrambes sonores et dont l'éclat de trompettes va atteindre les quatre points cardinaux de l'Art. On se souvient de certaines de ses pages, définitives comme un sacre, sur M. Rodin, sur M. Léon Bloy, tous ceux en lesquels il croit voir luire — enfin ! — un peu de l'Absolu. Alors, ce sont moins des portraits qu'il trace, que des chants de joie, de triomphe et d'amour. Oui! il aime, il le dit, il le crie, avec des troubles et des frissons, des mots comme des baisers, des phrases qui s'agenouillent. « Du journalisme » disent les sots. Mais M. Octave Mirbeau ne fait pas des articles; il n'a jamais écrit un seul article de sa vie... Ces pages courtes, qui disent ses amours et ses haines, n'est-ce pas comme la correspondance de ce don Juan de l'Idéal, trop-plein d'une âme, expansion d'une heure, confidences sur le papier, extases changeantes et que lui-même bientôt dédaigne, lettres frémissantes de la passion d'une heure et qu'il garde au fond d'un tiroir — sans même daigner les publier. Est-ce qu'on publie jamais ses lettres d'amour, puisque leur encre, vite pâlie, semble vouloir d'elle-même retourner au néant?

*
* *

Dans ses romans aussi, M. Octave Mirbeau apparaît la même âme, assoiffée d'absolu. Il va à ceux qui souffrent le plus.

Il y a dans un de ses romans un personnage bien curieux, une création bien étonnante, c'est ce Père Pamphile des Rédemptoristes, exilé volontaire parmi la solitude et des ruines, qui veut rétablir son Ordre fondé jadis pour délivrer les chrétiens en terre barbaresque. Or il est convaincu qu'il y a toujours des captifs, qu'ils sont un nécessaire et permanent produit de la nature, qu'il y a toujours des captifs comme il y a des arbres, du blé, des oiseaux : « Et non seulement il y a des captifs, se disait-il tout haut; mais il y en a dix fois plus, depuis que nous avons cessé de les racheter... » M. Octave Mirbeau aussi pense qu'il y a partout des captifs, et son œuvre de haute pitié, de fraternité humaine, ne va qu'à apitoyer en leur faveur, à les faire délivrer.

Ainsi, dans le *Calvaire*, il s'agit de l'homme emprisonné dans une passion; dans *l'Abbé Jules*, c'est le prêtre emprisonné dans le célibat; dans *Sébastien Roch*, c'est l'enfant — oh! la plus désolante misère — emprisonné dans le collège.

Mais les personnages de ces romans qui, au fond, se ressemblent, sont encore et surtout emprisonnés dans la vie. Ils n'ont pas, de celle-ci, la même conception que les autres hommes. Pareils à l'écrivain qui les conçut et vraiment ses frères en destinée et en souffrance, ils sont aussi des incontentés, des nostalgiques (c'est-à-dire également de la famille de Don Juan). Ils ne se résignent pas à ce qu'est l'existence dans l'état actuel des sociétés. Ils se refusent à être des créatures de civilisation et veulent être quand même, malgré tous et tout, des êtres de nature. Cela ne va pas sans d'amères luttes. Ils n'ont aucune condescendance aux usages, aux conventions, à l'esprit de caste ou de race, aux façons ordinaires de penser ou d'agir. Ils visent à l'absolu et souffrent de ne pas pouvoir s'y conformer assez. Tout le drame naît de ce conflit, du désaccord entre ce que le monde les voudrait et ce qu'ils se veulent. La vie de l'individu, en nos civilisations codifiées, est un perpétuel sacrifice de ses goûts et de ses instincts, à on ne sait quelles lois d'intérêt général et à des mœurs hypocrites auquel tout le monde collabore et dont tout le monde souffre.

Les personnages des romans de M. Mirbeau racontent une lutte de l'instinct contre la société, leur volonté de l'absolu. Ces romans, nés en même temps que les drames d'Ibsen, mais sans que ceux-ci fussent déjà connus en France, aboutissaient à la même revendication de l'individualisme.

Pour être soi-même, pour n'être pas prisonnier de la masse, le héros du *Calvaire* pousse jusqu'où il lui plaît sa dramatique passion. Mais c'est *l'abbé Jules* qui affirme avec le plus d'éclat cette attitude d'indomptable égoïsme qui n'est, après tout, que la totale sincérité. *L'abbé Jules* est, d'ailleurs, le chef-d'œuvre de M. Octave Mirbeau et un chef-d'œuvre, il faut le dire.

C'est à mettre à côté des plus pathétiques et fulgurantes créations de Barbey d'Aurevilly, mais uniquement quant à la hauteur d'art. Car ce livre est d'une personnalité entière. M. Octave Mirbeau se trouva une voie bien à lui, une voie intermédiaire qui est loin de l'impassibilité souveraine d'un Flaubert, loin aussi de l'impartialité documentée de M. Zola ou des analyses psychologiques de M. Bourget. Ce romancier-ci exprimera une conception qui lui est propre : *la vie frénétique*. C'est sa marque, son frisson, pour ainsi dire, ce même frisson tourmenté qu'on trouve aussi dans les sculptures de M. Rodin, qu'il n'a si bien et si souvent loué que parce qu'il sentait leurs arts parallèles. Et on y pense surtout à propos de *l'abbé Jules* qu'on voit une figure tragique, aux modelés puissants, une gargouille retenue à mi-corps dans la pierre irrévocable de l'Église et dont la face grimace et ricane à l'Univers entier qui ne pouvait pas le comprendre. Qu'est-ce qu'il voulait ? Lui-même l'a dit entre des péchés et des colères : « J'ai des pensées, des aspirations qui ne demandent qu'à prendre des ailes et à s'envoler, loin, loin... Me battre, chanter, conquérir des peuples enfants à la foi chrétienne... je ne sais pas... mais curé de village ! »

Peut-être qu'il ne se vautre dans l'ordure, les vices immondes, la grossièreté, le mépris des autres et de lui-même que pour salir et bafouer ce trop bel idéal qu'il porte en lui, sans le pouvoir réaliser. Il y a désaccord, manque d'équilibre. Il a trop d'idéal pour vivre avec la vie, et alors il se bat contre elle. C'est toujours le cas de Don Juan qui a trop d'idéal pour jouir uniquement de ses amantes et ne leur demander que du plaisir. Sa souffrance en résulte. Et la *vie frénétique* commence. Mais s'il avait eu plus d'idéal, il aurait dominé la vie; il aurait été jusqu'à l'absolu en soi, il aurait réalisé le bonheur dans sa propre conscience et atteint l'amour de l'amour. De même *l'abbé Jules*, avec plus d'idéal, n'aurait pas entamé ses farouches luttes contre ses proches, ses collègues, son évêque, les curés, — « tous, des imbéciles », comme il dit si drôlement — ni ses luttes contre la vie entière, ni ses luttes contre lui-même. M. Octave Mirbeau, observateur aigu mais visionnaire aussi, le sait bien; et c'est pourquoi il dressa vis-à-vis de l'abbé Jules, sa merveilleuse figure de l'abbé Pamphile. Celui-ci a été jusqu'au bout de son idéal, en face duquel il s'est enfin trouvé lui-même, et seul. Sa pioche « n'a fouillé que les nuées ». Création unique, et si en avance sur tout ce qu'on écrivait à ce moment! Ah! cette cathédrale idéale, qui est pour le solitaire comme si elle existait puisque le plan en est terminé en lui, et la tour toute allongée dans son âme. Voilà comment on peut s'évader de la vie, atteindre le plus haut sommet de l'individualisme et intensifier si fort son désir que la réalisation en devient inutile. On devient réellement ainsi maître des choses et de tout l'Univers. Et c'est la meilleure façon sans doute — la seule, disons même — de réaliser l'absolu.

Cette volonté intransigeante de l'absolu que nos extrêmes civilisations empêchent et qui ne siérait que dans une société toute proche de la Nature, est la caractéristique des romans de M. Mirbeau, et de ne pouvoir la réaliser, naît précisément le drame et une vie qui est frénétique de luttes pour un impossible idéal : le personnage du *Calvaire* veut l'absolu de l'amour; l'abbé Jules, l'absolu de la liberté; Sébastien Roch, l'absolu de la pureté; Jean Roule des *Mauvais Bergers* l'absolu de la justice et de la bonté sociale. Or cet absolu, toujours conforme à la Nature, à l'instinct, est souvent contraire aux idées admises, à nos mœurs de politesse, de réticences, d'acceptations, d'hypocrisies, à tout ce qui est convenu, correct, solennel, officiel. N'importe! M. Octave Mirbeau n'est pas seulement un grand écrivain; il est un écrivain courageux. Il dit tout ce qu'il faut dire, en dépit des prudences, des sourdines et des fards, des préjugés, abus, compromis, — choses temporaires et contingentes! Et alors, quelles criailleries! Que veut-il, cet audacieux, qui demande l'infini dans la vie et cherche l'Éternité sur les cadrans? C'est chercher midi à quatorze heures.

On le vit bien quand il dressa dans le *Calvaire* (au grand scandale universel), une scène de guerre admirable; c'est l'ennemi regardé, le uhlan prussien qu'on vient d'abattre, solitaire et jonchant la route, parmi la Nature éternellement en fête et impassible. Alors le sens humain s'éveille. Au-dessus de l'idée de la Patrie, il y a l'idée de l'Humanité. Autre solidarité, plus vaste, plus foncière. Et le héros du *Calvaire* s'émeut, s'agrandit aux pensées magnifiques; et il baise au front l'Ennemi mort.

Vaste cœur de Don Juan, que trois mille noms de femmes n'avaient point rempli, cœur inépuisable, cœur inassouvi, cœur qui sans cesse recommençait des expériences, voici un baiser dont il n'avait pas soupçonné la beauté et le funèbre enivrement! Et comme l'amour des femmes apparaît médiocre et restreint auprès de cet amour qui baise, sur le visage de l'Ennemi, toute la douleur, toute l'humanité, toute la beauté morale, toute la mort.

Car M. Octave Mirbeau aboutit souvent à la mort... On en sent la présence, rôdeuse et terrifiante, partout dans son œuvre. Il y souffle comme le vent du bord des abîmes.

C'est l'arrière-goût d'amertume de tous les fruits cueillis, la frénésie des fins de fête, un bruit de départs incessants. Vie instable! Destinées éphémères! Fantômes avant-coureurs et pires que la mort! Il y a des pages que baigne une sueur moite. On éprouve une terreur d'on ne sait quoi. M. Octave Mirbeau excelle à ouvrir ainsi des portes sur le mystère, à susciter des ombres suspectes dans les miroirs, à amasser des soirs livides où des clochers chavirent, où des passants s'exténuent. C'est une des faces inquiétantes de son talent qui, dressé haut dans la vie, en arbre fougueux, aux branches nombreuses, laisse entrevoir que ses racines plongent dans des terres de poison et d'écroulement, aboutissent à dês eaux où flottent les cadavres d'Ophélie et des fous.

Ce sentiment de la mort est permanent chez lui... Ainsi dans le *Calvaire*, même en pleine sensualité, tandis que Juliette dort, il se met à l'imaginer morte. La vision s'accomplit jusqu'au bout... Dans la fraîche haleine de la femme, pointe une imperceptible odeur de pourriture; autour du lit, s'allument déjà, et vacillent les cierges funéraires... des glas s'entendent...

Union de l'amour et de la mort. Qui peut les désassocier? Par quel mystère, les amants, au paroxysme de la volupté, ont-ils la nostalgie de mourir.

Il est naturel que cette nostalgie se retrouve chez un écrivain toujours en peine d'aimer, et qu'aucun amour ne contente... Il aime l'amour, il aime la gloire; il aime les fleurs; il aime les pauvres, il aime les livres; il aime l'art, avec une passion exaltée et militante; peut-être aussi qu'il aime la mort... Et ceci encore est bien conforme à sa destinée d'un Don Juan de l'Idéal... La mort est le dernier amour de Don Juan.

BRIZEUX

Pour bien comprendre l'œuvre de Brizeux, il faut voyager en Bretagne où partout on est hanté par son souvenir, lui qui a si bien dit sa race, qu'à chaque pas on retrouve un détail noté par lui et qu'on croit reconnaître au passage les héros de ses poèmes.

Cette jeune fille dans un coin du wagon, qui s'installe, avec sa coiffe blanche et son col tuyauté de Bannalec, avec sa peau de fruit, n'est-ce point la « brune fille du Scorff », n'est-ce point Marie elle-même qui va à la foire de Quimper acheter des rubans et des croix ? Nous lui parlons de Brizeux : oui ! elle le connaît. — C'est un poète, n'est-ce pas ? fait-elle en risquant d'un air timide ce mot qu'elle ne comprend pas bien, mais qui est vénéré dans le pays comme celui de quelqu'un de grand qui est mort il y a très longtemps, au temps de Merlin l'enchanteur, du roi Arthur et des menhirs devant lesquels on se signe dans la lande.

Et comme nous l'interrogions sur l'endroit

où devait reposer le poète, elle ajouta avec un air d'ignorance et de vénération : « C'est au cimetière de Lorient, sans doute, qu'on aura rapporté ses *reliques*... »

Cependant le nom de Brizeux avait réveillé toutes les mémoires : chacun se met à en parler, tandis que le train file à travers les champs de blé noir et de bruyères roses; un vieux paysan assure qu'il l'a vu dans sa jeunesse — Brizeux n'est mort qu'en 1858; — un curé en cause à son tour : lui connaît toutes ses œuvres et, du reste, l'a rencontré autrefois, du temps où il arrivait jeune vicaire à Pont-l'Abbé; même le poète entra un jour en grande colère parce qu'on avait jeté bas un vieux Calvaire qui menaçait ruine, au bord d'une route, au lieu de le restaurer et de le conserver avec soin, tant Brizeux avait sincèrement le culte de la tradition armoricaine et de la défense de son pays contre les nivellements modernes.

Chose touchante que la survie unanime de ce nom dont la lumière grandit pour avoir fait plus que travailler au bien matériel et immédiat de son pays — pour l'avoir immortalisé dans son œuvre, à ce point que si la Bretagne tout entière mourait, elle serait conservée à jamais, impérissable momie, dans les bandelettes enroulées de ses vers.

*
* *

Gagné à notre tour par la dévotion ambiante pour celui déjà entré dans la légende et qui fut d'ici le chanteur et le barde, nous avons été, comme en pèlerinage, partout où sa vie naguère a marché et rêvé. Ça été quelque chose d'un peu triste, mais d'une tristesse bonne et qu'on alimente — comme de rentrer dans la maison d'un mort aimé, après l'enterrement, de toucher aux choses familières à ses doigts, de se mirer dans les miroirs où son visage erre encore, de s'illusionner d'un mensonge de vie à voir pendre aux patères ses habits vidés de gestes !

Ainsi nous avons revu les bruyères et les landes, les mélancoliques remparts de Lorient, au long desquels il allait jadis avec sa mère, les vives et chuchoteuses rivières de l'Ellé et du Létha ; surtout nous avons revu la paroisse d'Arzanno, tout en haut de la route ascendante qui part de Quimperlé — oh ! le sauvage et lointain village qui abrita l'adolescence de Brizeux et son adorable idylle avec Marie. L'ancien presbytère où habitait le vieux curé qui fut son maître est aujourd'hui une ferme, mais les bâtiments subsistent à peu près intacts : une façade de pierre percée de fenêtres inégales ; ici la grande cuisine brunie et fumée aux solives apparentes, où glisse comme un rayon du soleil noir de Rembrandt ; en face, la salle à manger qui dut servir de réfectoire à la petite école du curé d'Arzanno ; au fond, un vaste escalier tournant, en chêne solide, mène à une suite de chambrettes, à l'étage — les anciens dortoirs où pour jamais les voix d'enfants sont mortes et aussi celle du vieux maître qui y répandait en eux son âme virgilienne.

À l'entrée du village, la même église est là, avec son clocher de pierre octogone, ses deux tourelles, sa balustrade ajourée et, par-dessus, le légendaire coq d'or. Voici la chapelle bariolée où Brizeux venait au catéchisme, entendait l'orgue avec ravissement et souriait à la petite amoureuse du Moustoir, comme si elle eût été la Vierge et la Madone. « L'office se passait à nous bien regarder », comme il l'a écrit plus tard.

Autour de l'église, un lamentable cimetière de tombes abandonnées dont les calvaires et les croix naufragent dans les hautes herbes. C'est ici même, sur les murs circulaires, il y a trois quarts de siècle, que Marie et Brizeux ont dû s'asseoir, les doigts tressés, si heureux dans leur naïf bonheur que la Mort elle-même ne les attristait pas ! O suavité d'une telle églogue ! Oh ! les amours de la quinzième année !

Voilà ce que Brizeux a dit dans tous ses poèmes, le charme des amours enfantines : le sien, d'abord, pour Marie ; puis, dans son second livre, *Les Bretons*, celui du clerc Loïc Daulas pour Anna, la fille du vieux fermier Iloël. Les noms changent; le sujet du poème demeure; c'est la même analyse émue de ce qu'on pourrait appeler la *puberté du cœur*, qui souvent devance l'autre et, pour cela même, est sans désirs. Chaste aurore de l'amour! Éveil des tendresses partagées! Premières floraisons dans le verger de l'âme! Rames appariées dans le port avant que la marée du sexe afflue et entraîne l'amour dans la pleine mer et les orages!

Cet amour-ci, tumultueux, exaspéré par les sens, Musset en est l'éloquent poète — le poète des vingt ans! — tandis que Brizeux restera le virginal notateur des amours de la quinzième année; et, comme s'il en devait annoncer physiquement la vocation, voilà — à en croire les portraits gardés de lui — qu'il avait lui-même comme une mince et mystique tête de premier communiant!

*
* *

Certes, les idylle de *Marie* demeurent le plus durable de son œuvre, mais son originalité lui vint aussi de son zèle à transposer dans ses poèmes toutes les choses de sa Bretagne natale : les noms, légendes, traditions, coutumes, jeux et croyances. Depuis, combien de poètes ont essayé de dire leur pays; mais la plupart n'ont fait que de la poésie rustique monotone, et nul n'égale l'art de Brizeux qui en inventa le genre. Au reste, quelle autre contrée pouvait présenter une telle abondance de poésie, éparse dans ses paysages? Les costumes d'abord, si originaux, conservés intacts, avec des broderies d'or et d'argent — chez les femmes — des étoffes vives, des dentelles, des bijoux, et surtout ces coiffes de lin, de tulle, variées de forme à l'infini, d'après chaque canton, mais toujours mettant sur la tête comme un frisson blanc de deux antennes ou de deux ailes.

Et quant aux hommes, ils étaient beaux au temps de Brizeux — beaucoup le sont encore aujourd'hui — avec leurs immenses cheveux qui les faisaient ressembler à des arbres.

La nature aussi était propice : des rivières, des bois, des rochers, des menhirs, des landes, des genêts d'or, des bruyères roses, des sapins et des chênes, mélancoliques horizons qui ondulent sous un soleil dans des brumes, comme un soleil d'argent.

Et, tout en cercle, la mer, le grand Océan qui imprègne sa poésie et qui, autour de ses vers semble aussi flotter, dans le blanc des pages!

Sans compter les traditions et les légendes, si curieuses qu'il n'avait qu'à les transcrire pour donner la sensation d'une odeur et d'une couleur de terre qui n'est pas semblable aux autres. Dans *Les Bretons*, il en a recueilli un grand nombre : les ruches d'abeilles qu'on habille de crêpe pour un enterrement et de rouge pour une noce ; les seaux et les bassins qu'on vide durant l'agonie pour que l'âme défaillante ne s'y noie pas ; les épingles de la mariée que les jeunes filles se disputent.

Ajoutez à cela le Merveilleux, cet élément surnaturel qui paraît indispensable à un poème, si logiquement trouvé par Brizeux dans la croyance populaire aux démons, aux mauvais génies, aux nains, aux âmes des Trépassés revenant, les nuits d'automne, inspecter leur maison et s'y chauffer devant la braise ; dans la croyance aussi aux saints catholiques qui, comme saint Corentin et sainte Anne d'Auray, sont honorés dans les Pardons et protègent avec des scapulaires et des médailles bénites.

Toute cette vie légendaire et naturellement poétique d'un peuple et d'une nature si à peine violés, Brizeux n'avait qu'à la dire avec simplicité et émotion, comme il l'a dite, pour faire œuvre d'art originale — lui qui avait vu et avait senti ce que nul autre n'avait su voir ni sentir. Or tout l'art personnel est là ; et c'est pourquoi Sainte-Beuve avec raison a dit de lui que, « si la critique voulait marquer d'un nom ce fruit nouveau, elle serait contrainte d'y rattacher simplement le nom du poète ».

*
* *

Seulement, Brizeux a fait plus que de la poésie rustique, de « l'art de son terroir », comme on a dit depuis. Son œuvre vaut surtout par son caractère général, son sentiment toujours ému, son frisson d'humanité et d'âme qui sont le fond éternel de toute poésie. Et de ceci, la preuve s'en trouve non seulement dans les si naturelles et vives peintures des jeunes amours, mais encore dans le sentiment familial qui est entre ses pages comme une triste rose conservée du jardin maternel.

Il a dit cette douleur qui est une des plus vraies de la vie des lettres : le poète quittant la maison où il joua enfant, délaissant pour la grande ville la ville morte où il sait bien que son âme s'étiolerait ; le poète abandonnant sa mère vieillie qui comptait sur lui pour qu'il l'aidât à cheminer, à petits pas — comme elle-même, naguère, l'avait aidé à marcher, tout petit !

Oh ! cette dernière promenade de Brizeux avec sa mère au long des mélancoliques remparts de Lorient, nous l'avons tous faite et, rien que d'y penser, il nous vient des larmes — tandis que la vieille femme, notre mère, est seule là-bas qui, elle aussi, nous cherche encore de chambre en chambre...

Mais il faudra toujours que les poètes s'évadent de la vie de province ; car, souvent, c'est pour avoir quitté leur pays, qu'il leur apparait, à distance, doux et beau dans le mirage des souvenirs. Quant à Brizeux, l'absence et le regret de ce qui n'est plus sont le fond et la condition même de sa poésie. Il y a ainsi des cœurs qui vivent toujours en arrière et qu'on pourrait appeler des cœurs rétrospectifs. C'est le cas de Brizeux. Il n'est si pathétique que parce qu'il évoque sans cesse le passé : ses amours enfantines, sa mère restée seule, le pays délaissé surtout (il est le poète du mal du pays), tous ces souvenirs qu'il passa sa vie à commémorer, ô lui, le nostalgique barde qui a si bien exprimé ceci :
La douceur des choses quittées.

M. ANATOLE FRANCE

M. Anatole France, quand il fut candidat à l'Académie, se présenta en même temps à deux fauteuils vacants, non point par insistance ou esprit d'accaparement, mais par subtile discrétion. C'était une façon de dire à l'Académie qu'il s'en remettait à elle, prononcerait l'éloge de l'un ou de l'autre défunt, au meilleur gré de la noble Compagnie. Ceci encore était bien de sa manière, ondoyante et polie.

Au physique déjà, il a un visage asymétrique, et des yeux de rêve qui contredisent doucement un menton de volonté, une bouche voluptueuse cachant son piment dans une barbe indécise. Tête de moine savant qui aurait compulsé des in-folio et des incunables en la bibliothèque de quelque couvent d'Italie, et en même temps, dès qu'il parle, bonne grâce et raffinée urbanité d'un grand seigneur de salon français qui doit enchanter les belles personnes. Pour comprendre ces mélanges, il suffit de songer à une chose : M. France est né au quai Voltaire, « le lieu le plus illustre et le plus beau du monde », dit-il. Mais il y a plus : M. France — et ceci va nous expliquer tout — y est né chez un libraire, qui l'a fait inscrire à l'état civil, sous le nom patronymique d'Anatole Thibaut. Le nom sous lequel il est célèbre n'est donc qu'un pseudonyme ? Pas tout à fait peut-être, et il est possible qu'il désignait déjà aussi son père, car nous avons trouvé une curieuse indication dans l'*Angélique* de Gérard de Nerval, lequel, vers 1851, parti à la découverte d'un rare manuscrit sur l'histoire du sire abbé comte de Bucquoy, après avoir inventorié toutes les bibliothèques, la Mazarine, l'Arsenal, les autres, raconte ceci : « Nous avions encore à visiter les vieux libraires. Il y a *France*, Merlin, Techener. M. France me dit : « Je « connais bien le livre. Vous pouvez le trouver « par hasard sur les quais. » Je l'y ai trouvé pour dix sous. »

C'est sans doute par des renseignements et enseignements pareils que le docte libraire qui fut son père forma l'esprit de M. Anatole France, de complicité, bien entendu, avec le quai Voltaire, où s'écoulèrent ses jeunes années. Le talent d'un écrivain, quant à la sensibilité et à l'orientation, se fait surtout de ses souvenirs d'enfance. Dès vingt ans, on n'emmagasine plus d'impressions fortes. Imaginez donc les yeux d'un enfant, qui sera un artiste, s'ouvrant sur ce tableau incomparable : les royales architectures du Louvre et des Tuileries, Notre-Dame en dentelle noire, les plans sévères du Palais de Justice, les tours lointaines pleines de masques, de gargouilles, de visages séculaires. Ici vraiment toutes les pierres *parlent*. Et elles parlent de l'ancienne France ; elles content des histoires du temps de saint Louis, des Valois, d'Henri IV et de Louis XIV. Ajoutez-y la Seine, ce cher ruisseau de la rue du Bac après lequel soupirait Madame de Staël, le fleuve de grâce souveraine qui apporte là toute la fraîcheur des campagnes, le reflet des arbres, des ciels, des plaines florissantes, et qui aère, ventile les monuments accumulés de Paris. Maintenant voici, tout autour, sur le quai Voltaire même, les antiquaires et les libraires.

Songez maintenant au talent de M. Anatole France. N'est-il pas le résumé de tout cela? Il a la fierté indolente de la Seine ; il mêle Notre-Dame et le Louvre ; il est religieux et vieille France, passionnel et architectural, toujours composite ; il apparaît un assemblage de meubles rares, de tapisseries, de bijoux, de vieux portraits, de chasubles, de bibelots du culte. Il a bouquiné adroitement dans la grave librairie paternelle et dans les autres ; il a aussi bouquiné dans les boîtes d'en face où s'acquiert une érudition plus facile, dans de menus manuels, des brochures curieuses et parfois uniques.

Et ainsi l'écrivain lui-même aura vécu dans cette « cité des livres », où il nous a peint une des plus originales figures de ses romans, ce Sylvestre Bonnard auquel il ressembla davantage encore, quand lui aussi fut « membre de l'Institut », comme il eut soin de l'ajouter, même dans le titre, à la désignation de son personnage. Mais gageons que si M. Anatole France y a tenu, c'est encore à cause du quai Voltaire — et pour tout lui devoir !

*
* *

Donc M. France, sans être normalien, est instruit de tout, parce qu'il fut curieux de tout. Il a un fonds classique solide. Nul n'est plus helléniste, latiniste, romaniste. Brusquement il intercale dans une conversation des passages compacts d'Homère ou de Sophocle qu'il récite de mémoire avec enthousiasme.

Mais la connaissance de toute l'histoire, humaine, littéraire, et même de toutes les anecdotes, y compris et surtout celles de l'Église, ne suffit pas à faire de beaux livres. Le mathématicien Mélanthe l'a dit : « Je ne pourrais pas « sans l'aide de Vénus démontrer les propriétés « d'un triangle. » M. France n'a pas négligé l'aide de Vénus qu'on sent partout présente et agissante dans ses œuvres. En celles-ci flotte sans cesse la subtile chaleur de l'amour, une sensualité ardente en même temps qu'ingénieuse. Et ceci constitue la principale originalité de l'écrivain ; une science égale des livres et des caresses, une érudition qui cumule la bibliothèque et l'alcôve. Charme imprévu d'un savant qui est voluptueux.

C'est l'impression que donnent tous ses romans. Voyez *Thaïs*, cette œuvre de savoureux archaïsme où nous vivons en des paysages d'ancienne Égypte, sur les rives du Nil, ou dans la brûlante Alexandrie, parmi des anachorètes, de riches oisifs, des philosophes, des courtisanes, une œuvre qui apparaît polychromée comme un vase peint de musée, comme un authentique papyrus. Certes, pour l'écrire, M. France songea à Hroswitha, la jeune Saxonne qui fut dramaturge au temps de l'empereur Othon, et aussi aux *Moines égyptiens*, de M. Amelineau. Mais par-dessus toutes ces alluvions de l'érudition, se lève quelque chose qui lui est propre : Vénus dans le triangle, dont parlait le mathématicien Mélanthe ; le clair de lune d'une sensualité exquise ; Thaïs ! la lune du ciel alexandrin, comme M. France lui-même l'appelle. Et l'enchantement opère, du secret qui constitue son talent : le corps de la courtisane s'étire dans la grotte des Nymphes ; et les phrases harmonieuses l'entourent comme des étoffes et comme des fontaines.

Dans le *Lys rouge*, un charme de la même sorte existe; il s'agit, cette fois, d'un roman moderne, presque un roman mondain, si ce terme n'était justement déconsidéré par trop de récits d'adultères et de flirts sans signifiance. M. France, pour une fois qu'il s'y essaie, montre ce qu'on peut faire du genre et prouve une maîtrise. C'est que, ici, encore une fois, règne la sensualité. Oh! une sensualité discrète, assurément, prudente, presque nonchalante, mais raffinée, cérébrale surtout, et par cela même excitante et extasiée. Cette belle Thérèse, ce Decharte qu'il nous analyse, sont des mondains qui ont ensemble une liaison. Mais avec quelles nuances! M. France veut qu'il s'aiment à Florence, dans la cité de la toute-beauté; et qu'ils aient le raffinement de choisir un pavillon de rendez-vous ouvrant sur un cimetière pour goûter cette volupté profonde de sentir que l'Amour est frère de la Mort. Et, tout autour, cette molle Florence que M. France peint en traits de grâce noble et attendrie, un décor digne de la subtile églogue qui s'y joue : jardins en étages, pins bruissants, air léger, villas multicolores, cloîtres ciselés, fresques aux gestes d'éternité.

Et l'amour humain s'anoblit ici pour avoir approché des chefs-d'œuvre.

*
* *

Cette sensualité est précisément ce qui le distingue des « Renanistes », avec lesquels, à cause de son ironie, on l'a parfois confondu. Ceux-ci sont surtout intelligents. M. France est, certes, très intelligent, mais il est poète aussi, ce qui est autre chose et vaut mieux. Il a écrit les *Poèmes dorés*, les *Noces corinthiennes*, qui apparaissent de nobles mélopées pathétiques. Les vrais Renanistes, eux, sont peu des âmes ; ce sont surtout des intelligences. Et encore sont-ils des intelligences négatives, c'est-à-dire dont la force est moins pour construire que pour détruire, nier, amoindrir, critiquer, plaisanter. De là le scepticisme souriant qui est leur marque. Ces écrivains veulent ménager l'eau et le feu, se placent à tous les points de vue avec un talent égal, toujours exquis, font la navette entre les pôles, n'ont ni avis ni passion, se servent de la plume comme d'un balancier... Au fond, ils appartiennent surtout à l'école de Ponce-Pilate et se lavent les mains de la vie — dans leur encrier !

Philosophie commode, mais qui n'est guère féconde. A force d'envisager le pour et le contre, de découvrir toutes les objections, de mettre l'ironie au terme de tous ses actes, on aboutit à l'abstention. La production suppose un élan, donc de l'inconscience. Trop d'intelligence nuit. car elle fait voir à l'avance les défauts, les inconvénients, les résultats. On pourrait dire, en parlant comme les Renanistes, que si Dieu n'avait été qu'intelligent, il n'aurait pas créé le monde !

⁂

M. France, lui, a créé, quoique critique ; car il fut critique aussi, et ses jugements littéraires du *Temps* forment plusieurs volumes. Et il a fait de la critique, comme il fit des romans. La sensualité est aussi ce qui la caractérise, puisqu'il lisait et louait les œuvres selon *son meilleur plaisir*. Il y a un vers ancien de M. Bourget, d'indication curieuse :

Ton charme adolescent me plaît comme un beau [livre.

M. France, au lieu de dire ainsi à une femme : « Tu me plais comme un beau livre », semble plutôt, quand il parle d'un livre, sous-entendre : « Tu me plais comme une belle femme. » C'est que M. Bourget est un cérébral ; M. France, un sensuel. Sa critique en porte le caractère, qui est son originalité, comme tout le reste de son œuvre. Aussi M. Brunetière, lequel est un cerveau austère, n'aime pas qu'on aime, mais qu'on pense, au risque de verser dans les lieux communs, lui fit un jour là-dessus une grande querelle. Ce fut une joute où M. France trouva ses plus délicieux accents. Il demanda grâce pour son plaisir, sa sensualité d'aimer certains livres comme on aime certaines femmes, sans pouvoir dire pourquoi, et sans autre raison avouable que d'avoir été troublé, charmé, séduit, en présence d'eux, et d'avoir alors lui-même songé à la Beauté.

*
* *

Mais il n'y a pas que la beauté des formes. Il y a la beauté morale. M. Anatole France s'est tourné vers celle-ci et son talent vient d'y trouver une force nouvelle et profonde. Dans l'ironiste éclot un philosophe. Le voluptueux de *Thaïs* et du *Lys Rouge*, le dilettante de la *Vie Littéraire*, devient une sorte d'historien des mœurs. Il a commencé une série de livres : *L'Orme du Mail*, le *Mannequin d'osier*, rattachés par un titre commun : « Histoire contemporaine. » Et, en effet, c'est moins du roman que l'étude des sentiments et des idées actuels. L'écrivain a pris le cadre vague de la vie de province. Cadre délicieux, d'ailleurs, que la petite ville. « Ah ! la petite ville de mon cœur ! » soupirait ironiquement, et en même temps tendrement, Jules Laforgue. On est un peu lassé des « romans parisiens ». Toujours le même décor emphatique et tumultueux. La petite ville vaut mieux. Quoi de plus charmeur et quelle douce résonnance rien qu'en ces mots : « Le mail... Les ormes... L'orme du mail... »? C'est toute la province, plus intime et combien plus intense. Sur les pavés nets, dans les rues vides, les pas sonnent, les voix résonnent. C'est un signe. Les idées aussi, les passions sont plus vives de naître en ce silence. Elles atteignent dans la vie de province leur maximum d'exaltation. La plupart des cerveaux, là, somnolent. Ils sont à l'image de la ville. Ils sont la ville elle-même. Et les quelques-uns qui pensent, vivent d'une vie intellectuelle ou passionnelle, y font un bruit de rares passants dans une cité muette.

C'est le cas du préfet Worms-Clavelin, de M. Bergeret, de M. de Terremondre, de l'abbé Guitrel, et des autres qui s'agitent pour de minimes intrigues, de banales passions. Qu'il s'agisse des ambitions de l'abbé Guitrel au sujet de l'épiscopat, ou des misères conjugales de M. Bergeret, tout cela prend son importance et son acuité de la vie de province, de la vacuité qui est autour. Nulle ville n'est nommée. Et tant mieux. Il ne s'agit pas de roman. Ceci est vraiment de l'histoire, l'histoire contemporaine des mœurs en province. Partout il y a un abbé

Guitrel, un M. Bergeret. Ceux-ci, n'apparaissent pas seulement des caractères, creusés par une analyse sagace; ils sont poussés jusqu'aux types. Ils sont sans état civil déterminé. Ils sont de partout en province; et c'est si vrai que partout on croira trouver, en eux, des portraits, des allusions locales.

Mais, le meilleur délice des livres où ils vivent n'est pas encore l'ingéniosité, l'illusion de vie, l'observation profonde; c'est aussi de reconnaître l'esprit même de M. Anatole France qui s'intercale. Il semble même parfois qu'il n'ait choisi ce simulacre que pour s'exprimer lui-même. Or, dans cette évolution dernière, quel changement! Ce n'est plus qu'à peine et par intervalles l'ironiste de naguère, qui avait des hypocrisies de style, des coquetteries de volte-face. Encore moins le penseur sceptique que Renan un moment eut l'air de façonner. Maintenant M. Anatole France est un philosophe osé et franc, presque un révolutionnaire d'idées qui rompt avec les morales convenues, fait la satire des mœurs, juge la justice, dénonce l'argent au tyrannique pouvoir; et, en regard de toutes les choses viles, fausses, sottes, il *sous-entend* la Beauté morale, qui seule vaut notre culte. Car tout est proféré à demi-mot, encore que hardiment, avec des rechutes d'ironie pour tempérer la sévérité en l'alternant d'un sourire, et aussi avec une urbanité raffinée, cette condescendance mondaine habituée à ne pas insister, Mais l'audace des idées ne diminue pas pour s'envelopper. Et il y a bien des arguments pour une révolution sociale dans ces livres de grâce noble et souriante.

*
* *

Quoi qu'il en soit, M. Anatole France partout, et sans cesse garde son style de calme lumière. Il trouve des inflexions câlines qui lui permettent de tout dire, de savants plis, des tours retors. Peut-être a-t-il peur, parfois, de trop de couleurs et de vocabulaire. Mais Racine écrit seulement avec deux mille mots pâles et lui-même (n'est-il pas un classique aussi?) possède comme Racine un rythme mystérieux, un charme mol et indéfinissable, une force de *style en marbre blanc*.

Aussi M. France pourrait bien avoir fait œuvre durable et aller à la Postérité, mieux que d'autres romanciers modernes, de réputation plus universelle et plus rapide. Ceux-ci ont pris des convois pour arriver à la Gloire — et en revenir. M. France s'y achemine en une chaise à porteurs, trouvée au quai Voltaire, et il y restera.

MISTRAL

Le Midi a appellé Mistral magnifiquement l'Empereur du soleil. C'est que, en effet, il règne sur cette Provence à qui il a donné conscience d'elle-même. Son œuvre est un miroir où elle se reconnaît. C'est en cela qu'il est un grand poète, ce qui ne veut pas dire seulement, quant à lui, un grand écrivain de vers. Il apparaît une figure presque unique en Europe, aujourd'hui, non seulement par son œuvre, mais par sa vie, ses attitudes, tous les gestes de sa pensée, son influence sur une race entière, ce je ne sais quoi, ce fluide, ce halo dont sa tête et son nom s'auréolent. C'est-à-dire que Mistral est plus qu'un poète. Il est la poésie même, avec son caractère d'éternité. Tout de suite, à son propos, Lamartine nomma Homère, dans ce grand article qui fit célèbre, d'emblée, l'auteur de *Mireille*. Un Homère chrétien, pourrait-on mieux dire.

Car, avec toutes les traditions de la Provence, il a gardé celle de sa Foi. C'est un épisode exquis, dans sa calme et noble vie, que ce voyage à Paris, sitôt après l'article de Lamartine. Ne fallait-il pas s'en aller remercier le maître des *Méditations* pour sa louange qui fut comme un sacre? Mais il fallait aussi, à Paris, remercier Dieu, et au préalable. Donc, il se rendit à Notre-Dame où le P. Félix était alors prédicateur en vogue, se confessa à lui, communia avec des gars de là-bas qui l'accompagnaient, avaient quitté, pour lui, leurs mas qui sont dans des jardins...

C'est alors que Barbey d'Aurevilly le rencontra, avec ce franc port de tête qu'il a gardé, les cheveux souples et un peu longs, sa moustache de mousquetaire dont l'air désinvolte se corrige par des yeux d'horizon où court une lumière claire — et une tenue sobre, de parfaite correction.

En le voyant ainsi, Barbey d'Aurevilly, désappointé, s'écria : « Comment, monsieur, vous n'êtes donc point un pâtre? » S'il n'en avait pas le costume, il en avait l'âme, et il l'a gardée. Précieux trésor sauvé en lui, conservé jalousement, loin du contact des villes. Le beau et le touchant de sa vie, c'est qu'il soit resté dans son village; que malgré la gloire tout de suite conquise — et on sait ce que cela implique dans Paris : adulations, faveurs, argent, femmes, — il n'ait pas quitté ce doux Maillane, proche d'Avignon, assez contenté de promener son ombre sur cette Place où, comme il dit, des gamins jetteront un jour des pierres après son buste.

C'est pour cela qu'il est *pastoral*. Dans son œuvre aboutissent toutes les voix de la Nature, parce qu'il n'a pas quitté la Nature. Est-ce que déjà son nom, qui est le vent du Midi, n'indique pas une force naturelle, quelque chose qui est moins d'un individu que d'un climat et d'une race? Signe de la Destinée! Il porte en lui l'âme même du peuple. Et c'est cette âme qui crée en lui. Ainsi les événements, les personnages, les paysages, sont regardés par lui comme le peuple les regarde. Nous y songions, un soir que nous lui entendions réciter son admirable *Tambour d'Arcole*. Ce n'était pas ainsi qu'un écrivain doit se représenter logiquement l'aventure héroïque; mais c'est ainsi sans doute que le peuple l'imagine, coloriée et confuse comme une image d'Épinal dans des fumées...

Ce soir-là, Mistral nous récita aussi son poème de Saint Trophime, d'autres morceaux. Curiosité et délice de l'entendre! C'était chez M. Alphonse Daudet, l'été, dans ce joli castel de Champrosay, dans ce milieu d'art unique, avec les fenêtres ouvertes, après le dîner, sur le parc blanc de lune. Mistral déclama à voix ample, à grands gestes. Mais sa voix de soleil s'accordait mal avec les lampes; ses gestes élargis, avec le salon.

Du coup nous comprîmes toute la nature de son génie : les autres font de la poésie de chambre, comme il y a de la musique de chambre. Mistral fait de la poésie de plein air.

*
* *

Ainsi est *Mireille* ; ainsi *Nerto*, les *Isclo d'or*, le *Rhône* ; si beaux, qu'ils résistent même à la traduction. Mais quel arome, quel souffle ils ont, dans ce mâle et harmonieux provençal que Mistral reprit, ennoblit de nouveau jusqu'à l'art ! Langue qu'on dédaignait — comme les hardes des siècles morts, — indignes de vêtir les rêves et les images. Tout au plus fallait-il la laisser au peuple pour ses associations d'idées, brèves ou nulles. Mistral en fit une langue littéraire, coordonnée et fixée.

Non seulement par ses poèmes. Il publia, au surplus, le *Trésor du Félibrige*, un grand ouvrage de linguistique où il s'est montré un philologue admirable, le codificateur sûr de cette langue dont il a retrouvé tous les chemins et les sentiers de traverse jusqu'au bout de l'histoire, jusqu'aux carrefours de forêts où les idiomes se rencontrèrent et se quittèrent.

Mais le provençal, objecte-t-on, est un sentier qui n'aboutit pas, se perdit ; ce fut une langue vaincue. Pourtant « le provençal est *une* langue française », disait finement Jules Simon. Il n'y a pas, en effet, que le français, langue de l'unité, idiome classique; il y a aussi « les parlers de France », qu'on retrouve partout, anciens ferments, gisements indissolubles, fondations tenaces, mêlées au fond du sol à la poussière des aïeux. Et il est utile qu'il en demeure ainsi. A côté des grandes langues littéraires qui sont des océans, réduites aussi à quelques-unes comme les mers dont se baignent leurs pays mêmes, il est bon que survivent des patois, ces nombreux petits ruisseaux intérieurs où se mirent l'originalité des villages et la vieillesse intacte de chaque clocher.

C'est-à-dire qu'avec l'ancien parler de la race, subsiste aussi l'ancien esprit de cette race. C'est ce qu'a voulu Mistral pour sa Provence. Tout suit la langue : les us, les légendes, les antiques mœurs, les filons et les chansons, les costumes et les coutumes. On va revivre l'autrefois et aimer encore les champs. Est-ce que Mistral ne prêcha pas d'exemple, en restant dans son *mas* de Maillane, « au seuil où l'on jouait jadis », comme disait Brizeux qui, lui, fut infidèle un peu, *épousa* Paris, tout en continuant cependant à aimer sa Bretagne comme une mère... Lui aussi écrivit des chants dans le vieux langage celtique, rima en ce parler de France, populaire et si vieux, pour être entendu du peuple, toucher ses chers Bretons aux immenses cheveux.

Mistral à son tour, parla à sa race dans la langue que les plus simples — c'est-à-dire les plus intacts — entendaient. Ainsi il la toucha, l'enivra du vin de ses propres treilles, la reconduisit jusqu'à ses origines, et dans tous les chemins de son histoire. La Provence, qui s'était perdue, se retrouva. N'est-ce pas la langue qui constitue la nationalité? Le provençal renaissait et la Provence aussi. La « petite patrie » s'affirma dans la grande. Persistance de l'esprit régional! Ame de la province! Charme indélébile du lieu natal! Mœurs et paysages devenus des livres!

Ce fut vraiment la décentralisation littéraire, dans ce qu'elle peut avoir de plus décisif. Faut-il s'en plaindre, puisque la décentralisation est le secret des renaissantes originalités. Les écrivains nés à Paris voient moins de l'Univers que les autres. Ils n'en voient que ce qu'on voit du ciel entre les hautes façades. Et alors ils font leurs livres, souvent, moins d'après la vie que d'après leur bibliothèque. Au contraire, il faut écrire d'après une race dont on est l'aboutissement. C'est le moyen pour que les livres soient originaux; et ils le seront d'autant plus que la race est demeurée elle-même plus impolluée, personnelle, abritée contre l'influence de la centralisation et du cosmopolitisme.

Heureux les écrivains qui ont une province dans le cœur!

Ils en seront, dans la littérature, l'équivalent. Ils feront leur œuvre à son image et à sa ressemblance. Chaque livre aura la couleur de son air et sera comme le visage même de la race.

C'est le cas de Mistral dont la poésie fait partie de la Provence comme en fait partie le chant de la Cigale, la Cigale dont Monselet disait : « C'est une grosse mouche, » songeant à certains Félibres, dont Mistral a dit : « un bestiari divin, » pensant à lui-même. Car sur ses lèvres une Cigale a vraiment chanté qui avait déjà chanté sur les lèvres des Troubadours de la Langue d'oc, auxquels Mistral a donné la main — par-dessus les siècles.

M. PIERRE LOTI

Après bien des expéditions lointaines, M. Pierre Loti fit escale, un après-midi, au pont des Arts, pour visiter la pagode aux Quarante Bouddahs, baignée de lumière glauque, d'aspect sévère moins impressionnante néanmoins, pour le vaillant officier de marine que pour d'autres, ce bon Labiche, par exemple, qui ne pouvait s'empêcher de dire, le jour de sa réception : « C'est la première fois que je porte une épée et je n'ai jamais eu si peur. »

M. Pierre Loti ne fut pas dans ce cas ; mais gageons que, au sortir de la séance, pris de cette mélancolie des fins de fête, parmi le remous mondain des toilettes et des carrosses, devant le crépuscule d'avril rose et gris, il songea : « Je ne me suis jamais senti si triste ! »

Que pouvait faire le titre d'académicien à cette âme? Peut-être y a-t-il tenu seulement à cause du costume, avec son goût spécial pour les déguisements qui tantôt le conduisit en Pharaon hiératique à un bal costumé chez

Mme Adam ; une autre fois lui donna l'idée de cette fête Louis XI en sa maison de Rochefort, et lui fit toujours, partout, à Stamboul, à Tahiti, au Japon, dans toutes les étapes de ses voyages, revêtir la tunique et les couleurs du lieu — comme pour se changer, échapper à lui-même, se fuir, oublier son identité vraie en des contrées sans miroirs...

Qu'importe ! il a sans cesse gardé son âme, telle qu'une chose intérieure dans des crêpes, inaliénable et en deuil d'on ne sait quoi...

*
* *

Ce qui suffit à élucider le cas de cette âme, et qui explique en même temps la vogue immédiate de l'écrivain, c'est le Voyage.

Nous raffolons de plus en plus d'exotisme ; celui-ci a envahi nos tables : gourmandise pour les plats étrangers, les fruits lointains ; et aussi l'ameublement : abandon des styles français pour le turc, l'orientalisme, le japonisme aux grimaçants bibelots, le style anglais.

L'art aussi en est tout intoxiqué.

En littérature, le roman s'absorba longtemps dans la vie ambiante et quotidienne. Le grand nombre s'approvisionnait auprès de Balzac, cette immense carrière de pierre où chacun a pris des matériaux pour édifier, ajourer, ciseler des monuments jolis, des maisons de rapport où vivent un grand nombre de personnages.

Voici que M. Pierre Loti n'eut pour maître que le Voyage.

Engagé à dix-sept ans sur le *Borda*, tour à tour aspirant, enseigne, lieutenant et capitaine aujourd'hui, il dériva, durant vingt-cinq ans, dans les mers reculées, vécut parmi les terres calcinées, les végétaux hostiles, les cultes sans âge. Un peu d'action parfois, d'odeur de poudre, de taches de sang, comme intermède à l'opium énervant d'une telle vie : le combat de Hué, les engagements du Tonkin. Puis un recommencement de longs mouillages, les océans vides, de courtes idylles étranges avec telle femme un peu animal, un peu idole.

On comprend vite que, rien qu'à raconter ces choses, il était facile d'intéresser et d'émouvoir.

C'est déjà ce qui fit le charme et le succès rapide de Bernardin de Saint-Pierre, l'inventeur du genre. Il écrivait dans l'avant-propos de *Paul et Virginie* : « J'ai tâché d'y peindre un sol et des végétaux différents de ceux de l'Europe. Nos poètes ont assez reposé leurs amants sur le bord des ruisseaux. J'en ai voulu asseoir sur le rivage de la mer, au pied des rochers, à l'ombre des cocotiers, des bananiers et des citronniers en fleurs. »

Or on rapporte, au sujet de Bernardin de

Saint-Pierre, que Napoléon Ier lui demanda un jour : « Quand écrirez-vous un nouveau livre comme *Paul et Virginie* ? »

M. Pierre Loti l'a écrit, ce livre — en passant par Chateaubriand, dont l'*Atala* appartient au même art.

Mais, chez ceux-là, on sent toujours l'Européen dans une nature exotique ; au lieu que M. Pierre Loti **suggère** véritablement ; nous croyons être en Annam, à Stamboul ; il s'efface ; il en arrive à se faire oublier lui-même, à se perdre, à se fondre dans cette foule bariolée dont il porte le costume et dont *il fait partie*.

L'exotisme de Bernardin de Saint-Pierre et de Chateaubriand est donc superficiel ; il rapporte tout au plus une terminologie et de vagues décors. Tandis que celui de M. Pierre Loti est intégral, inoculé, imprégné, ne bénéficiant plus seulement de ce que l'intelligence a pu percevoir et décalquer. Ici apparaissent les acquêts de la littérature moderne, plutôt de sensations que d'idées, qui s'aide merveilleusement des sens, qui emmagasine dans l'ouïe, dans l'odorat, le goût, le toucher et la vue.

Car la littérature moderne a réalisé ceci : *l'éducation artistique des sens*.

Ce n'est plus surtout le cerveau notant des aspects généraux, des divergences de races ou de paysages. L'enquête, devenue charnelle et physique, descend aux détails, à l'esthétique de la peau, aux titillations des nerfs. M. Pierre Loti, dans ses évocations d'Extrême-Orient, a cliché ainsi, par ses sens bien braqués, des notations qui nous en apportent la couleur, l'odeur, le goût, le son d'atmosphère.

Il suffit d'ailleurs de le voir pour juger combien il doit être en littérature un instrument de sensations, celles de la vue surtout et encore plus celles de l'odorat.

Il a de grands yeux vagues, humides, ces yeux, influencés par l'eau, des hommes qui ont beaucoup navigué ou naissent en des ports, des yeux qui reflètent tous nuages et tous reflets avec précision et en profondeur, comme les armures des soldats dans les tableaux des Primitifs.

Mais son nez est encore plus caractéristique : un nez busqué et embusqué, un nez de proie qui hume, devine, attire toute senteur éparse, la capture, la différencie. Et c'est ainsi, en ce ce joli livre, *le Mariage de Loti*, quand il nous promène avec Rarahu, dans les nuits voluptueuses de Tahiti, que nous percevons vraiment l'odeur de sexe et de plantes en route vers les étoiles. Et la terre des tropiques aromatisant sous la pluie tiède ! Et cette foule chinoise dont la pouillerie exaspère un unanime relent de musc dans les effluves des orangers et des gardénias. Et jusqu'à la senteur de la poussière, cendre morte des années, qui nous picote les narines quand nous entrons dans « les pagodes souterraines », dont le parfum d'éternité, devant l'immuabilité des Bouddahs, tisse sa trame omnicolore de cette poussière précisément tressée avec des essences d'arbres, des fientes et un encens millénaire?

*
* *

Ainsi M. Pierre Loti nous donne vraiment une impression intense des pays lointains. Il a bien observé. Il évoque avec acuité. Son exotisme n'est pas de pacotille. Et le véritable intérêt de ses livres est là.

On lui voudrait parfois de plus grandes trouvailles de style, encore qu'il ait d'émouvantes sourdines, des mots qui soudain se voilent et se brouillent, des fins de phrases entrant dans du brouillard. C'est un de ses grands charmes mystérieux que cet inachevé de certaines phrases qui semblent s'en aller et se continuer dans le blanc des pages.

On lui voudrait aussi un peu moins de vérité, d'aspects réels, pour une transposition en art, ces déformations, ces déviations dans le songe et la féerie où, parmi les paysages exotiques, les lanternes peintes auraient l'air d'étoiles dans des robes à fleurs.

Et surtout en ces contrées d'Extrême-Orient! C'est ce qu'ont si bien compris les artistes japonais, à la fois réalistes et fantastiques : le rêve juxtaposé au réel, le chimérique côtoyant la vie et la prolongeant.

M. Pierre Loti n'a vu que les choses formelles et dans leur réalité tangible. N'importe! il les a bien vues et les suggère avec couleur. Cela suffit pour le mérite de ses ouvrages, plus que les histoires qu'il conte, et son *narcissisme* à se mettre en scène dans des idylles douteuses, de petits collages polynésiens et japonais qui ne sont qu'un recommencement de *Graziella*.

— Je ne comprends pas le ciel même sans toi, disait la pêcheuse de Procida à Lamartine.

— J'ai peur que ce ne soit pas le même dieu qui nous ait créés, dit Rarahu à ce mélancolique Loti, qu'elle a elle-même nommé de ce doux nom d'une fleur de son pays.

Mais la notation dans ce sens est unique, et nulle part ailleurs l'écrivain n'indique les âmes distantes, quand les corps sont proches, cette psychologie qui aurait été si curieuse de l'amour entre deux races, ces pensées parallèles dont aucune n'est soluble dans l'autre, ces amours tristes comme le mariage d'un aveugle avec une muette.

Il y avait là toute une série de subtilités qu'un amant eût perçues. Mais, malgré ses confidences souvent peu discrètes, M. Pierre Loti a-t-il eu les bonnes fortunes dont il se vante! Les gentilles amoureuses, jaunes ou tatouées, en chapeaux de fleurs, ont-elles existé plus ou moins? On en pourrait douter, car leur humanité est bien légère pour avoir été vécue.

Est-ce le même cas pour les petites Rarahu et les Mmes Chrysanthème, gracieuses fictions, semble-t-il plutôt, d'un romancier romanesque qui invente des silhouettes colorées sur des écrans de papier. Cela n'a d'importance qu'au point de vue de la sincérité de l'écrivain, difficile à ausculter, car il se recroqueville vite, parle bas et peu, paraît contraint dans notre civilisation rectiligne et cache une foncière timidité par un désir d'étonner, comme lorsqu'il répondit un soir, à dîner, chez son ami M. Alph. Daudet lui demandant s'il était d'une famille de marins : « Oui, j'ai eu un oncle mangé sur le radeau de la *Méduse*. »

⁎
⁎ ⁎

Mieux que l'hérédité, c'est le voyage qui l'a formé, et c'est de lui qu'il a tiré aussi l'idée dominante qui enveloppe son œuvre : la pensée de la mort. Avec plus de raison que les autres hommes, les marins peuvent dire: « Nous vivons dans la mort! » Leur vie est faite de périls, d'adieux enivrants, de départs, de gestes toujours s'évertuant à traverser les distances. Tout défile, s'écoule en panorama rapide d'êtres et de choses. Escales momentanées! Embarquements! Dérives! On a beau changer de pays, de costumes, d'amours. Changer d'Océan, même! Partout, que ce soit la face grise de la mer de Bretagne, la face bleue du Pacifique, la mer a le visage de l'Éternité.

Et les heures brèves se brisent et se reforment comme les vagues.

M. Pierre Loti — comme déjà Baudelaire, dans le *Voyage* — a exprimé ce sentiment de l'instabilité, de la vie sans cesse déprise, des départs imminents, des continuels adieux qui sont déjà de petites morts — et de la fin proche, au bout de l'ennui!

C'est cette mélancolie, issue de la mer et du voyage, qui baigne toute son œuvre. Celle-ci est aussi un navire, à la poupe tatouée, dont le pont mêle des cocotiers alanguis, des idoles poussiéreuses, des parfums forts, des fleurs comme de la chair, et des femmes à la peau de fruit, habillées d'étoffes aussi belles que des nuages.

Mais toute la mer, incessamment gémissante et qui a la voix de la mort, flotte dans le blanc des pages.

ORATEURS SACRÉS

LE P. MONSABRE

Les prédicateurs de haute envergure se font rares. L'éloquence religieuse subit une crise. Il y a un certain affadissement, une sourdine sur tous les violons de Dieu.

Certes le zèle ne fait pas défaut, mais c'est le génie qui manque. L'éloquence sacrée n'invente plus. Qui la rajeunira ? C'est un genre à renouveler, car dans le mouvement général de l'esprit moderne, elle s'attarde, s'immobilise en des redites, s'obstine dans l'archaïsme, redore les textes délabrés, continue à empailler la colombe du Saint-Esprit. On dirait maintenant un art d'hypogée. C'est bien de sculpter séculairement ce tombeau du Christ ; c'est mieux de bâtir une citadelle de Foi dans l'air du siècle.

Le P. Monsabré le comprit et y trouva, du coup, sa force et sa gloire. Oui ! il fallait prendre contact avec la vie. Il était temps de moderniser le sermon. Encore un peu ce genre oratoire s'épuisait. Il n'avait voulu s'allier qu'avec lui-même et il périssait d'un sang trop noble. Il lui faudrait se mésallier avec la littérature moderne. Plus ces lieux communs de l'éloquence religieuse, séculaire et qui a l'air de parler une langue à soi. Une langue inanimée, presque une langue morte. Même les images font penser à ces fleurs de papier sous des globes de verre, en de surannés parloirs. Quant au P. Monsabré, il se fit une culture d'esprit toute moderne. Il avouait avoir lu Flaubert, M. Bourget, admirer M. Zola, aimer les poètes. Il leur dut de pouvoir traduire pour les fidèles la théologie et les démonstrations abstraites dans une langue qu'ils comprenaient enfin, capable de les émouvoir, où les mots vivent vraiment, ont un visage... Ce fut déjà ainsi au milieu du siècle, lors du beau temps de l'éloquence religieuse, qui n'eût un tel renouveau que pour avoir marqué le pas avec la littérature — dont elle fait partie en somme.

Elle eût aussi son illumination romantique.
C'est Lacordaire dont le cœur piaffait de génie vers Dieu ; c'est Ravignan presque Lamartinien, tout d'onction et de saint-chrême, qui parlait de la bonté céleste de façon à arracher des larmes aux assistants sur leur ingratitude ; Lacordaire qui fut de la lumière ; Ravignan qui fut de la chaleur ; Lacordaire qui convoqua les âmes à Notre-Dame à coups de clairon et de tonnerre ; Ravignan qui sut les y retenir... Après eux, le

P. Félix parla du progrès et de l'art en harangues harmonieuses, orateur fleuri et surchargé, car les Jésuites ont leur style comme ils ont leur architecture, tous pareils.

Quant au P. Monsabré, il demeura digne de ces grands prédécesseurs dans cette illustre chaire. Lacordaire disait dès le début : « La chaire de Notre-Dame est fondée. » Oui ! fondée vraiment, à la façon d'une monarchie, où ne se sont succédés que des esprits royaux.

*
* *

L'éloquence du P. Monsabré a un cachet personnel. C'est le poète de la théologie. Tel il apparaît, soit qu'on l'entende, soit qu'on lise son œuvre complète de prédication à Notre-Dame, durant près de vingt années : *Exposé du dogme catholique*, qui comprend trente volumes. Œuvre immense, contenant toute la démonstration de la Foi. Avec la *Somme* de Saint-Thomas, son point de départ et point d'appui, il a bâti un monument sur les colonnes de dur marbre de son maître, son monument original aux hardis contrastes : des nefs profondes, des dômes de pierre massive et inexorable, avec, autour, d'expertes ciselures, les flammes fleuries de grands vitraux. Une éloquence presque à l'image et à la ressemblance de Notre-Dame elle-même. Ses sermons sont construits avec une science d'architecte qui a rassemblé des matériaux de choix et les ordonne selon un plan qui met tout en valeur et en hiérarchie. C'est un grand plaisir cérébral que d'apercevoir un discours s'élever ainsi avec des proportions calculées et une logique qui permet de le songer jusqu'au bout de lui-même avant même son achèvement. Il faut pour cela que l'orateur ait une dialectique infaillible. Alors l'éloquence qui est musique, est aussi mathématique, puisqu'elle est philosophie. Or c'est le moment suprême du génie musical — Beethoven y atteint souvent — celui où la symphonie n'est plus qu'une algèbre qui chante, comme les constellations dans le ciel.

L'éloquence aussi donne parfois cette sensation. Et le P. Monsabré y fait songer avec sa manière tour à tour didactique et lyrique ; ici une page de théologie, de métaphysique, voire de physiologie ; puis un envolement, un chant sacré qui a les ailes de l'ode. Et une voix souple qui est un merveilleux truchement; une voix que le temps n'a pas affaiblie, mais qui en a pris, au contraire, une sonorité stridente, une sorte de *fureur démonstrative*, qu'appuie un geste court, saccadé, ayant l'air d'enfoncer l'argument comme un clou. Ces sermons, solides et fleuris, qui apparaîtront dans l'avenir comme nous apparaissent ceux de Bourdaloue, ne sont pas tout de préparation soigneuse. Certes durant l'hiver, dans ce couvent du Havre dont il est le prieur, il élaborait minutieusement l'Avent ou le Carême qu'il irait prêcher Paris, et d'après le plan bien établi, écrivait ses conférences, les récrivait, les corrigeait, cherchait des images nouvelles, jouait des mots comme d'un clavier en nuances. Souvent les mots, chez lui, ont un étrange relief, un emploi habile qui leur donne un aspect nouveau et l'air neuf. « L'homme s'est séparé de Dieu. Dieu se reprend et se *cantonne*. » Il a de ces belles surprises, toutes modernes, de mots... Puis le travail de préparation achevé, il arrivait à Paris, avant le dimanche de la Quadragésime, dans le petit couvent des Dominicains, faubourg Saint-Honoré où s'installent les prédicateurs de l'Ordre. Et, au fur et à mesure, de semaine en semaine, il apprenait par cœur, le discours du dimanche suivant, un peu d'accord avec Massillon qui disait : « Mon meilleur sermon est celui que je sais le mieux. »

Cependant tout n'était pas conforme, dans ses sermons de Notre-Dame, au texte écrit et appris. Il eut parfois des cris, des illuminations soudaines, un de ces bondissements de phrase imprévus. Trouvailles frémissantes d'une parole sûre, qui se mettait à improviser, se suscitait d'elle-même. Il avait bien vite fait, alors, de rejeter tous les éléments d'une préparation laborieuse; et les feuillets blancs du discours écrit n'étaient plus, dans la mémoire, qu'une frêle certitude de papier où il prenait pied par moment pour s'élancer plus loin dans des gouffres de lumière qui sont en haut et attirent.

C'est alors qu'il obtint ses plus grands succès, parce que chaque fois, il entra, à ces minutes, en contact avec la vie. Il redevenait lui-même, celui qui restaura l'éloquence sacrée en unissant la réalité à la théologie. Parole enfin moderne, adéquate aux événements, qui mêlait le temps et l'éternité. Jamais il n'atteignit davantage l'âme de la foule que ces jours-là. Un jour surtout... C'était dans la cathédrale de Metz, en 1871 :

Après la reddition et l'occupation allemande, il venait d'y prêcher le carême. Le jour de Pâques, le temple était envahi ; au pied de la chaire se pressait une assistance qui, pour pleurer les malheurs de la France, avait pris le deuil et était toute vêtue de noir. Le P. Monsabré, sur le point de finir, sentit lui monter de cet auditoire affligé comme une marée de larmes, et soudain, ému lui-même dans le cœur de son cœur et le sang de son pays, il prit texte de la fête du jour et de la Résurrection pascale pour parler d'espérance... « Les peuples aussi ressuscitent, s'écria-t-il dans un admirable élan, on change leur nom, mais non pas leur sang...

Vous n'êtes pas morts pour moi... mes frères...
mes amis... mes compatriotes... Partout où
j'irai, je vous le jure, je parlerai de vos patrio-
tiques douleurs... jusqu'au jour du sermon de
la délivrance que je chanterai sous ces voûtes...»
Et il continua l'image magnifique, montrant les
provinces mises au tombeau et qu'on croyait
mortes, les provinces aussi gardées par des
soldats, avec une plaie au flanc, dans le sépulcre ;
mais un jour également la pierre volerait en
éclats et la patrie se lèverait d'entre les morts !...

On juge de l'immense émotion : toutes les
femmes pleuraient ; les hommes étaient debout
hors d'eux-mêmes, les bras tendus vers lui
comme pour retenir et éterniser cette minute
d'héroïsme qui avait passé sur tant de deuils.

*
* *

Mais ces accents magnifiques nous demeurent
à peine comme des échos. Ils suffisent pourtant
à nous émouvoir encore. Quelle émotion alors
pour ceux qui les entendirent, avec la voix, le
geste, l'éclat des regards, tout ce que l'orateur
ajoute de son frisson humain au frisson divin
des paroles nées en lui et dont lui-même
s'étonne. Le malheur de l'éloquence, c'est qu'elle
meure à la minute même où elle naît. Les discours lus sont incolores souvent. Le P. Monsabré

le savait bien sans doute, le jour où, après sa longue prédication, il descendit, d'un pas lent et ferme, et pour jamais, les marches de cette chaire illustre de Notre-Dame, tout de suite vide de lui et béante comme un tombeau. Il ne se fit point illusion. Il se rendit compte que son *Exposé du dogme* aux nombreux tomes, n'était vraiment qu'un plan de cathédrale sur le papier, une chose inanimée, et que quelques uns à peine consulteraient dans l'avenir. Au contraire, sa parole entendue avait été la cathédrale debout, et qui chante, pleine d'orgue, pleine de fleurs.

Ce jour-là, après vingt années de travaux, elle allait donc cesser d'être, en s'achevant. Sans faiblesse, tremblement de mains ou de voix, il en posa la dernière pierre, le commentaire final de *l'amen* du Credo, simplement, comme il avait accumulé toutes les autres pierres. Après cela, il irait s'occuper ailleurs ou se tournerait du côté du silence. Mais aucune mélancolie! N'est-ce pas la marque d'une âme forte que de quitter les choses, c'est-à-dire se quitter soi-même, avec sérénité? Ces grands moines, qui seront calmes devant la mort, sont déjà calmes devant l'adieu, devant l'absence, qui est la moitié de la mort.

Le P. Monsabré termina, sans orgueil, sans regret, sans un regard d'ensemble, ému et suprême, sur la tâche accomplie. Comme le bâtisseur de génie qui acheva Notre-Dame, il semble qu'il ait jugé aussi son œuvre quelque chose *d'impersonnel*, fait avec la foule et la foi des siècles, et qu'il ne fallait même pas signer !

Mgr D'HULST

Mgr d'Hulst fut une figure. Il avait un talent médiocre, mais un caractère saisissant, une physionomie morale d'un relief étrange.

On ne pouvait pas rêver un contraste plus formel avec le P. Monsabré, qu'il remplaça comme prédicateur du Carême à Notre-Dame. Leurs deux genres d'éloquence étaient aussi dissemblables que ces deux hommes furent eux-mêmes contradictoires.

Il suffisait pour s'en convaincre de surprendre un moment le P. Monsabré dans cette claire et riante chambre du petit couvent des Dominicains, faubourg Saint-Honoré, où il venait s'installer chaque année vers la Quadragésime. La figure était réjouie, saine, dodue; il était en pantoufles et laissait voir des bas blancs comme une béguine. Ses mains s'écarquillaient devant les bûches flambantes, joyeuses du bon feu. Il était bonhomme, familier; il vous appelait : « Mon fils », et vite se racontait. Il semblait optimiste, avait beaucoup lu et vu. C'était un homme content, un homme de son temps, décelant des origines plutôt plébéiennes.

Un homme venu à son heure.

Et la chambre, tout autour, s'égayait aussi, sans luxe, mais propre et blanche avec ses fenêtres aux rideaux de mousseline naïfs — on aurait dit des premières communiantes, après la messe, qui rient...

Chez Mgr d'Hulst, dans son grand salon sévère, à l'Institut catholique de la rue de Vaugirard, dont il était le recteur, on avait le sentiment d'un exil : un bureau-ministre, des meubles d'un ancien luxe, des portraits qui semblaient d'amis détrônés.

Lui-même apparaissait austère, puritain, triste, froid. Il vous appelait toujours « Monsieur ». Aucune familiarité. Pourtant on le jugeait sage. On le savait de conseil sûr. Combien défilèrent là pour avoir ses avis !

Certes c'était le gardien des Tables, l'étalon du devoir strict avec lequel on se confronte. C'était l'homme de loi des procès de la conscience, élucidant les arcanes, triant les scrupules, qu'on consulta comme le jurisconsulte de Dieu. Mais les conseils, les avis dont il n'était pas chiche, il avait l'air de les distribuer comme une aumône spirituelle, comme un secours à d'anciens serviteurs dans la détresse. Ministre tombé qui donne des consultations gratuites à ses gens.

Ah! ce n'est pas ainsi qu'on rêvait la vie de cet homme et qu'il la rêva lui-même, prêtre dont les jours se passèrent à ôter l'ivraie de quelques âmes, lui qu'on se représentait plutôt en gesticulateur aux horizons, joignant tous les clochers d'un diocèse ou d'un royaume par des guirlandes de commandements!

* * *

Mgr d'Hulst, lui, n'était pas venu à son heure. Ce fut un homme d'autrefois. Maurice Lesage d'Hauteroche d'Hulst — tel était son nom — allié aux Grimoard du Roure, aux d'Harcourt, au pape Urbain V, appartenait à l'ancienne France.

Quelle misère d'arriver trop tard dans la vie! On est contemporain d'un temps disparu. Il y a ainsi des familles dont l'aboutissement retarde. On est alors comme un héritier qui veut acquitter une dette de sa race vis-à-vis d'un créancier qui est mort.

Souffrance d'avoir une âme qui n'est plus adéquate et de sentir en soi des facultés inemployées!

Or Mgr d'Hulst évoquait le souvenir d'un cardinal-ministre dans la France ou les Espagnes du passé : conduite des grandes affaires, ambassades délicates, gouvernement de provinces nouvelles, pacification d'une primatie troublée — voilà son rôle sous une ancienne monarchie. Beaucoup plus organisateur et administrateur que prédicateur du Roi, homme d'action plutôt que de littérature et de paroles, à la main prompte et autoritaire, qui — comme le Grand Inquisiteur dans la nouvelle de Dostoïewski — ne juge pas que le peuple doive être libre, entend le débarrasser du fardeau de choisir et, quoi qu'on en puisse dire, « reste ferme dans son idée ».

Par une spéciale ironie des destinées, son enfance précisément lui créa l'illusion d'un temps encore pareil et d'un avenir tel : il fut élevé à la Cour; sa grand'mère, et sa mère ensuite, étaient dames d'honneur de la reine Marie-Amélie ; lui-même, ainsi que son frère Raoul, les compagnons de jeux du comte de Paris et du duc de Chartres, élevés en même temps que ceux-ci aux Tuileries, à Saint-Cloud et à Neuilly.

Mgr d'Hulst se rappelait, de ce temps, l'arrivée à la Cour des comédiens du Théâtre-Français qui vinrent y jouer *Monsieur de Pourceaugnac*. « C'est la seule fois, observait-il, que j'ai été au spectacle. »

On voit que son intimité auprès des princes, dont presque tout le monde ignora l'origine, remontait loin ; il avait passé ses jeunes années avec eux. Et il leur resta d'une fidélité intégrale dans les mauvais jours, quoi qu'il pût lui en coûter. Car s'il était d'avis, comme le disciple Pierre, qu'il faut tirer le glaive et couper l'oreille de Malchus, lui, du moins, ne trahit pas avant que le coq eût chanté trois fois...

*
* *

On sentait, à le voir, un religieux renoncement. Nulle transaction avec les faits accomplis. Aucun optimisme. Rien qu'un pli de dédain au coin de la bouche. Même le léger fléchissement déjà, par l'âge, de sa très haute taille ne semblait qu'un vain effort pour descendre jusqu'à son interlocuteur. Une allure imposante, mais qui éloignait la sympathie. Des yeux aigus et froids vous gelant les mots sur les lèvres.

Que lui faisaient les paroles, à lui qui se jugeait parmi des étrangers ?

Il fut vraiment détaché de tout désir d'être ou de paraître : est-ce qu'au lieu d'arborer son nom sonore, il ne signa pas tout simplement M. d'Hulst ses lettres et même ses ouvrages, comme on peut le constater dans ses volumes de *Mélanges oratoires ?* Est-ce qu'amené à l'élection du nouveau Pape par Mgr Guibert et gratifié d'une prélature comme conclaviste, selon les coutumes canoniques, il ne négligea pas d'en prendre le titre et les insignes? « J'ai laissé cela dans ma malle », disait-il à son retour de Rome.

Ce n'est que plus tard qu'il porta le titre de monseigneur et, sur sa soutane, les ornements violets, quasi-épiscopaux, quand, dénoncé pour sa première leçon de philosophie à l'Institut, il se disculpa au point d'obtenir du Pape une nouvelle prélature, plus élevée.

C'est l'unique fois peut-être qu'il prit garde à la malveillance.

Que pouvaient contre son détachement telles attaques, par exemple, de l'*Univers*, acharné après lui, durant vingt ans? Taxés de fanatisme par les uns, d'orthodoxie suspecte par les autres, c'est le lot de ces hommes-là, hermétiques et peu conformes, d'être incompris de la plupart. Mais qu'importe? ils ne tiennent même pas à la vie. Pendant la guerre, Mgr d'Hulst affronta mille morts, comme aumônier des Ambulances de la Presse, à Bazeilles, à Sedan où il fut fait prisonnier, puis — évadé et revenu à Paris pour le siège — à Champigny, où il assista les mourants sous des pluies de balles.

Si vraiment dépris de toutes choses terrestres et voyant déjà si loin à la dérive sur les eaux rapides de la vie ses premières ambitions, qu'il était sincère à coup sûr en disant à voix mélancolique : « J'ai cent cinquante ans ! »

*
* *

Il est naturel dès lors qu'il n'ait pas cherché à montrer des talents. Il en avait peut-être, mais il savait le grande parole du Psalmiste : *Quoniam non cognovi litteraturam, introïbo in potentias Dei.* Pourvu d'une théologie sûre, d'une érudition vaste et diverse, il se multiplia en mille discours, homélies, panégyriques, mais tout cela pensé dans un esprit trop positif et moyen, écrit surtout dans une langue terne, un *style primaire*, pour ainsi dire. Il est vrai que pour des esprits tels, les jeux de l'éloquence sont vains et vains aussi les fragiles dentelles de la poésie du discours qui attirent et séduisent.

Mgr d'Hulst ne chercha pas à plaire aux hommes. Il les aimait peu. Mais il aimait Dieu ; il voulut le faire entendre. Il fut le combattant de Dieu *contre* les âmes. Durant des années, il mena ce combat oratoire, ne voulant qu'agir pour Dieu, traduire la parole éternelle, ne rien donner de soi, ne rien demander pour soi, nulle gloire futile, surtout.

Idéal sévère !

On songe à ces tours dans certaines villes mortes, tout au nord ; à ces « Dom » dans les vieilles cités allemandes — architectures inégayées, qui ne veulent être que de la Foi, sans jardins de vitraux ni sourires de sculptures.

PEINTRES

PUVIS DE CHAVANNES

Un maître admirable, d'une personnalité décisive, d'une inlassable fécondité. Naguère, lorsque beaucoup méconnaissaient encore son art souverain, Gautier, souvent clairvoyant, écrivait : « Dans un temps de prose et de réalisme, il est naturellement héroïque, épique et monumental. » Pour ses vastes compositions, il peint d'abord une petite esquisse qui est l'exposé de son idée, pour ainsi dire *la réduction* de l'œuvre, déjà totale en lui. Puis il l'exécute dans les proportions d'un grand tableau de chevalet. Une minutie inexorable de dessin : sans cesse l'artiste calcule, compare, mesure, trace avec la règle ou le fusain des angles visuels. On dirait d'un ingénieur, d'un géomètre qui arpente de l'œil le modèle et la toile. Quand ce travail est définitif, il agrandit le tableau tout simplement au carreau, comme font les praticiens dans le marbre pour la maquette des statuaire. De là son dessin qui a un air géométrique. Or c'est précisément cette précision infaillible mêlée à une indéfinissable poésie qui assigne à ses œuvres une beauté d'absolu en même temps qu'un charme de suggestion.

Il sait tout de son métier, et il a tout inventé de son art. C'est-à-dire qu'il a ressuscité dans notre siècle la peinture décorative. Il a trouvé pour elle un nouveau style, une coloration nouvelle. Son génie a été de comprendre qu'il fallait aux édifices modernes des fresques qui leur fussent appropriées. Il a créé une peinture conforme pour les architectures actuelles, pour les monuments de France, construits en pierre de France, cette pierre un peu grisâtre, un peu jaunâtre, en tous cas pâle et mate. Donc il n'a voulu qu'une peinture mate aussi, se servant pour y arriver, de toiles spécialement préparées, de couleurs en demi-teintes et en nuances, avec des mauves, des roses doux, des jaunes qui s'acidulent à peine, des bleus qui ne chantent qu'en sourdine. Ainsi, au Panthéon, les autres peintures trouent les murs; la sienne s'accorde à leur tonalité neutre, s'identifie avec eux. On dirait vraiment le *rêve que les pierres font*.

Et quel rêve! Celui d'une humanité supérieure, l'humanité telle qu'elle aurait dû être, ou telle qu'elle sera. Humanité mystique et mythique, qui ne va jamais jusqu'à être mythologique. Ses femmes ne sont pas des déesses; ce sont encore des femmes, mais les femmes d'un Éden où la faute originelle n'a pas existé ou n'existe plus et qui enfantent sans douleurs. Les hommes aussi ont l'air de vivre dans un continent meilleur. L'oubli des sexes et de l'heure est parmi eux. Ils ne s'occupent qu'à de nobles travaux, à être d'accord avec la Nature, à faire de l'éternel avec de l'éphémère, mais sans jamais cesser d'être humains. « La poésie a sa source dans la réalité », disait Gœthe. L'art également, pensa Puvis de Chavannes. On a cru que son domaine était celui du rêve et de la légende. Au contraire, il n'est jamais sorti de la Nature. Toutes les figures de ses tableaux agissent, plutôt qu'elles ne songent. Chacun y fait directement ce qu'il doit faire, comme l'a bien observé, un jour, M. Besnard dans un de ses subtils Salons.

Ainsi, quant aux gestes : on peut dire qu'un geste utile est toujours beau. Tous les gestes des figures de Puvis de Chavannes sont utiles. Geste du travail, de la lutte ou des jeux, dans *Ludus pro patria, Inter artes et naturam*; geste pacifique de l'attente dans *Pauvre pêcheur*, gestes si justes et instinctifs chez les hommes, comme sont instinctifs, chez les femmes qu'il a peintes, les gestes de cueillir des fleurs, de caresser des enfants, de couronner des fontaines.

Tout cela est encore, et tout simplement, de la vie — *de la vie transposée*, si on veut. C'est pourquoi Puvis de Chavannes, venu chronologiquement entre les réalistes et les symbolistes, a pu les rallier en même temps ; les réalistes disant : « Il n'y a qu'à copier la Nature » ; les symbolistes proclamant : « La Nature n'existe pas ».

Lui, autant que Courbet ou Manet, s'acharna après la forme stricte, la vérité du modèle ; mais, d'autre part, en occupant seulement les êtres à de nobles travaux, en ne les plaçant qu'en des contrées florissantes, il se rapprocha des symbolistes qui s'en tiennent à des attitudes de légende ou de beauté. Ainsi il demeure un peintre de nature en même temps qu'un peintre d'idéal — ce qui n'est pas la même chose qu'être le peintre de l'Idéalisme, comme on a dit de lui, en confondant les termes. L'idéalisme, au contraire, est une convention académique, avec des théories du Beau et des gestes enseignés. M. Puvis de Chavannes ne s'inquiéta que des gestes humains et conçut le Beau à sa façon, c'est-à-dire sans archéologie surtout, ce qui est bien aussi une tradition officielle. Il retourna à la Nature tout uniment, et trouva, du coup, la simplicité populaire, celle de la Chanson de Geste, celle qui tient à la race. Car celui en qui on voulut voir un descendant des maîtres d'Italie, est un artiste de souche très nationale et qui se rattache directement à l'École française... Ce n'est pas devant les Botticelli ou les Primitifs de Venise et de Florence qu'on songe à lui. C'est en regardant les Poussin, par exemple L'*Automne* ou la *Grappe de la Terre Promise* et l'*Été* ou *Ruth et Booz*. Là aussi les figures qu'on dirait d'une humanité supérieure ont néanmoins l'attitude si juste de leur besogne, fauchent, ploient un peu sous le fardeau du raisin de Chanaan.

Tout de suite on établit un parallèle avec les calmes scènes de Puvis de Chavannes, dérivant d'un même idéal, mais amplifié et réalisé avec des moyens nouveaux, une originalité absolue.

Surtout qu'il fut également comme Poussin — et on ne le dit pas assez — un merveilleux paysagiste : dans l'*Été*; dans la fresque de la Sorbonne aux collines circulaires, d'un bleu-paon si doux ; dans *Pauvre pêcheur* où s'illimite un site d'eau, d'une eau glauque et nue qui extériorise pour ainsi dire le cerveau sans pensée du pêcheur calme; dans le *Bois sacré*, symphonie savante des verts multiples de la forêt. Ici encore il a bien sa manière propre qui n'est celle ni des réalistes ni des symbolistes. Il ne peint pas, comme les symbolistes, des paysages de rêve, aux arbres déformés, aux terrains d'une coloration comme ceux qu'on voit en songe ou dans la fièvre. Il reproduit vraiment la nature, des sites réels, des horizons définis, les bords de la Seine, les simples campagnes de l'Ile-de-France, ce qu'il avait tout contigu et familier. Mais d'autre part, il ne s'en tient pas, comme les réalistes, à la seule copie. Ses paysages réels sont baignés d'on ne sait quelle atmosphère irréelle. Il semble qu'il y tombe une lumière d'au delà. C'est l'idéal dans la réalité et l'Éternité dans le temps.

Ainsi on dirait d'une planète meilleure (très ressemblante à la nôtre) mais où la terre ne servirait plus à cacher les morts, ne serait que la bonne argile où l'on modèle des statues. Jardins de calme joie, de nobles labeurs, de sérénité...

Un jour, dans un de ses poèmes en prose, Baudelaire, à l'aspect d'un port, demandait : « Quand partons-nous pour le bonheur ? »

En regardant les œuvres de M. Puvis de Chavannes, il semble qu'elles soient ce pays du Bonheur, vers lequel tous les navires humains appareillent et où son seul rêve a pu atterrir.

BESNARD

Malgré l'apparente variété infinie des visages humains, il semble que ceux-ci se réduisent en fin de compte à quelques types essentiels. On pourrait dire la même chose des âmes, surtout s'il s'agit des âmes d'artistes. C'est à croire en la métempsycose, tant on retrouve tout au plus quelques espèces d'âmes, réincarnées sans cesse au long des siècles et des races. Chaque peintre, chaque poète a son Sosie de talent ou de génie dans le passé. Il ne lui doit rien assurément; il n'en est pas moins très moderne, très original; il a ses moyens d'art personnels, une vision neuve. Il pense, il conçoit, il exécute selon son rêve propre. Il ne refait en rien l'œuvre du prédécesseur qu'il évoque; mais on sent que ce prédécesseur, s'il revivait, ferait aujourd'hui la *sienne*. Ressemblance d'âme allant jusqu'à l'identité! Et les vies alors sont parallèles aussi. Il y a des exemples singuliers de ce cas, dans l'histoire de l'art et des lettres. Est-ce que Paul Verlaine n'est pas Villon revenu?

De même, il est curieux de constater combien M. Albert Besnard, si différent de Delacroix, fait cependant songer despotiquement à lui. Malgré une imagination et une technique tout autres, il est de la même sorte d'esprit, il a une identique compréhension de l'art. C'est si vrai que ces lignes de l'admirable étude de Baudelaire sur Delacroix pourraient s'appliquer à lui textuellement :

« Il était, en même temps qu'un peintre épris de son métier, un homme d'éducation générale, au contraire des autres artistes modernes qui, pour la plupart, ne sont guère que d'illustres ou d'obscurs rapins, de tristes spécialistes, vieux ou jeunes, de purs ouvriers, les uns sachant fabriquer des figures académiques, les autres des fruits, les autres des bestiaux. Lui aimait tout, savait tout peindre. »

Est-ce que ce jugement ne définit pas M. Besnard lui-même, et tout entier? Lui surtout ne fut pas de ces spécialistes condamnés à bon droit par Baudelaire. Il sait tout peindre. Il a tout peint. C'est que, en effet, tout impressionne cette rétine si sensitive, cette cérébralité nerveuse. Et que, d'autre part, il possède une telle sûreté de métier que vite l'impression reçue est traduite et fixée. Il faut qu'il n'y ait pas de désaccord entre l'esprit et la main. M. Besnard se vante à bon droit de son exécution agile. Il a écrit un jour : « Je crois qu'il ne peut y avoir d'artiste sans le don de se souvenir et sans facilité. »

Or voyez comme, ici encore, à son insu, il est en concordance avec l'opinion de Delacroix. Celui-ci disait à un jeune peintre ; « Si vous n'êtes pas assez habile pour faire le croquis d'un homme qui se jette par la fenêtre, pendant le temps qu'il met à tomber du quatrième étage sur le sol, vous ne pourrez jamais produire de grandes machines. »

Théories pareilles, œuvres pareilles. Aussi M. Besnard a-t-il produit à son tour ce que Delacroix, dans son argot d'atelier, appelait de « grandes machines », c'est-à-dire des peintures monumentales ; et, comme Delacroix avait décoré le Salon du Roi à la Chambre des députés, la galerie d'Apollon au Louvre, etc., lui compte déjà aussi dans son œuvre toute une série de décorations : à l'Hôtel de ville, à l'École de pharmacie, à la mairie de Saint-Germain-l'Auxerrois, et enfin à la Sorbonne.

Pour des peintres de ce tempérament, la peinture décorative est ce qui les excite et les séduit surtout. N'est-ce pas le plus difficile ? Et pour un vrai artiste, le plaisir commence avec la difficulté. Aussi l'école française, depuis Delacroix, n'aura possédé que deux peintres, M. Besnard et Puvis de Chavannes, faisant véritablement de la peinture décorative, qu'il ne faut pas confondre avec telles vastes toiles où ne sont que faits divers, anecdotes; des tableaux de genre obtenu par *agrandissement* (comme en photographie). Le vrai peintre de peinture décorative voit et conçoit son œuvre tout achevée, comme les bâtisseurs de cathédrales contemplaient, en l'imaginant, la tour entière qu'ils allaient conduire dans l'air et dont le plan, sur le papier, n'était déjà que le *résumé*, la réduction de cette tour immense, terminée en eux.

Ainsi pour la peinture décorative. C'est-à-dire que le procédé est inverse : les artistes médiocres agrandissent un tableau aux proportions d'une peinture murale; les artistes qui sont des décorateurs de race réduisent aux proportions d'une esquisse la peinture monumentale déjà née en eux, et née avec, d'emblée, toute son amplitude.

C'est l'impression qu'on éprouvait à considérer, par exemple, la magistrale esquisse de M. Besnard pour sa décoration de la salle de chimie à la Sorbonne. Tout y était déjà; et de vagues indications, de simples frottis çà et là, laissaient sous-entendre le détail, qui n'abdiquait ici que pour faire dominer, à cause de l'exiguïté du format, les lignes essentielles de la composition, sa synthèse de formes et d'idées, son symbolisme aussi clair que profond : au centre, un cadavre de femme sous le soleil, principe de la vie, qui la décompose, mais ne la décompose que pour activer l'éclosion de ce merveilleux jardin de fleurs, né de sa putréfaction. Fécondité chimique de la mort qui engendre la vie! Et voici que, à droite, le Couple éternel descend et va s'embarquer sur le fleuve de l'existence, embouchure bleue, qui de l'autre côté, après le tour circulaire, débouche en détritus, charniers, fumées, tout le bourbier terrestre qui, lui aussi, va alimenter l'éternelle efflorescence de la Nature.

N'est-ce pas une magnifique conception? Un autre eût peint quelque anecdote, une expérience de chimie, un laboratoire. M. Besnard agrandit son thème jusqu'aux proportions de la Matière universelle; et il s'atteste en même temps un peintre extraordinairement moderne par la conception scientifique de ses sujets et de la vie. C'est en cela qu'il est surtout original et unique. Il est un peintre touché par la Science. Delacroix avait des points de vue littéraires, un idéal religieux et historique. M. Besnard a un point de vue scientifique, une philosophie évolutive... Et il est le seul à exprimer l'Univers en images selon la Science, sans qu'elles cessent d'être selon la Beauté.

Est-ce que son plafond de l'Hôtel de ville n'est pas l'apothéose de la Science? On voit la

Vérité entraînant la Science à sa suite, et qui répand sa lumière sur les hommes. Or M. Besnard croit au bienfait de cette lumière. Où sont les ironies de Poë et de Villiers de l'Isle-Adam bafouant la Science ? Dans la composition de M. Besnard on voit les hommes, en troupes transies, venir se réchauffer au feu nouveau. Tout est traité dans un esprit scientifique : les groupes évoluent comme des planètes ; autour de la figure principale, tel corps gravite ; toutes les lignes ont des courbes planétaires. On dirait un firmament de visages. Et ce sont des rayons que la Vérité répand d'elle, comme un Astre.

Dans ce plafond, comme dans les décorations de l'École de pharmacie, racontant la physique, l'anthropologie, la botanique, comme dans presque toutes ses œuvres d'ailleurs, M. Besnard apparaît le décorateur, le metteur en scène de la vie moderne.

Et non seulement en tant que peintre influencé par la science. Outre qu'il voit l'Univers selon la philosophie du transformisme, il est aussi moderne par la nature de ses sensations. Il apparaît tout imprégné de l'air du siècle, exprimant l'air du siècle. Il en saisit le décor, le principe caché, les correspondances subtiles. Ses sens sont éduqués, affinés, au point de fixer ce que les vieux peintres ne pouvaient pas apercevoir ni même soupçonner, des nuances comme les méandres de l'eau, les mouvements de la flamme, les inflexions des plantes, et d'en tirer parti pour l'attitude de l'être humain, pour les lignes d'un tableau. Que de notations encore, nerveuses et neuves : la splendeur intime d'un intérieur éclairé, le véritable effet d'un clair de lune qui ennoblit un paysage jusqu'à en faire un état d'âme... Voilà des sensations bien modernes par le raffinement. Et aussi, par exemple, tout en peignant la joie, comme M. Besnard s'y complaît, de faire sentir que, au fond, elle est aussi poétique que la douleur, plus variée et non moins mélancolique ! Quel drame tout à coup si le peintre montre combien une femme fardée peut être sinistre !

Ce n'est pas seulement par son idéal scientifique, ni par ses trouvailles compliquées de sensations, mais par sa couleur elle-même, que M. Besnard se prouve le peintre sensitif de l'esprit moderne.

Est-ce que sa couleur, en effet, ne participe pas de cette clarté soufrée, de cet électricité nerveuse qui est aussi dans l'air du temps ? Elle semble une chimie en fièvre.

On la dirait influencée par des lueurs de laboratoire, par le voisinage des bocaux pharmaceutiques. Il semble qu'elle ait passé a travers des cornues, des éprouvettes, qu'elle soit fuite de fleurs classées, de minéraux, d'arcs-en-ciel en fusion, tant soudain un ton est violent comme un poison, un autre lotionne délicieusement l'œil. Recherches incessantes! Trouvailles merveilleuses! D'autres, comme M. Claude Monet, M. Pissarro, ont simplement tâché à peindre la lumière, toutes les décompositions du prisme, les étapes quotidiennes de l'air. M. Besnard a voulu fixer des tonalités plus compliquées. En cerveau scientifique qu'il est, *il a fait des expériences*. Il a rêvé des mélanges : c'est-à-dire la combinaison de l'artificiel avec le naturel, d'où ces figures éclairées par le gaz ou des lampes, en même temps que par la lumière du jour. Et rien n'est aussi étrange et troublant. Imaginez des cierges brûlant au soleil... Tristesse plus intense de leurs clartés, réconciliées sur le poêle d'un convoi de vierge! M. Besnard a ainsi inventé des éclairages. Il a trouvé des désaccords de tons qui sont à la peinture ce que les dissonances de Wagner sont à la musique.

D'autre part, il voulut également fixer des tonalités plus exceptionnelles : au lieu des seules phases diurnes ou crépusculaires, il y a aussi, dans la Nature, les aspects de trouble, des nuances momentanées, des minutes chimiques, pourrait-on dire, des accidents de la lumière : par exemple, le soufre d'un éclair, la lividité de l'éclipse, les phosphorescences de la mer et de la pourriture, les pâleurs de la maladie, les rouges de la fièvre ou du fard.

Il semble que M. Besnard ait retenu toutes ces couleurs artificielles, exceptionnelles, névrosées, exaspérées, raffinées, et qu'il les retrouve sans cesse, dociles et impressionnables au moindre effort de son inspiration. De là le délice un peu physique qu'on éprouve devant cette peinture, forte au point d'en être presque *sensualisée*. La vue n'est pas affectée seule. Outre l'émotion du cerveau qu'on doit à la rare et puissante imagination du peintre, il semble que des correspondances s'établissent. Le goût, l'odorat, les autres sens s'émeuvent, jouissent de quiproquos subtils, comme si la couleur, chez lui, à force d'intensité, avait aussi un arome et un suc pour nous remplir non plus seulement les yeux, mais, en même temps, la bouche et les narines.

Cette impression s'éprouve entre autres devant les toiles si intenses qu'il a rapportées d'Algérie ; car lui aussi fut attiré aux haillons superbes, aux plâtres multicolores, de la brûlante Afrique. Déjà Delacroix y était allé, poussant jusqu'au Maroc — vous voyez le parallélisme qui se continue entre eux — mais il avait été plus séduit par les mystérieux et capiteux logis où de belles femmes mi-voilées entretiennent les charbons éternels de leurs yeux et de leurs lèvres. Delacroix est surtout attentif à l'être humain, au menu drame de sa vie personnelle. C'est pourquoi, en ce voyage, il a surtout peint des intérieurs. M. Besnard est plus préoccupé par le drame général de la Nature. L'être humain est une parcelle de la matière, une tache de couleur sur l'horizon. Aussi M. Besnard a-t-il plutôt exécuté des scènes de plein air. Mais avec quel éclat prestigieux, quelle pénétration des formes et des couleurs! Il en a rapporté des figures qui sont des morceaux uniques : femmes au pervers maquillage, à la chair verdie par des gazes, au front pavoisé de rouges géraniums, d'une pâte compacte et vibrante, d'une finesse et d'une intensité de tons non pareilles.

En ces interprétations de l'Orient, il a aussi, et surtout, admirablement compris le cheval. A preuve, entre autres, ce *Marché de chevaux*, croupes brunes, blanches, rouges, contrastant avec l'étoffe écrue des burnous d'Arabes, sous un ciel or et bleu. Personne ne connaît comme lui l'architecture svelte et compliquée, la ligne souple du cheval, et non seulement du cheval, mais de toutes les bêtes. Il a merveilleusement le sens décoratif de l'animal, depuis les volatiles, ces coqs vernissés et bariolés dont il blasonne ses cartons de vitraux, jusqu'aux grands quadrupèdes comme l'éléphant, qui inspira déjà les artistes de Ceylan et de l'Extrême-Orient.

M. Besnard en a souvent fixé la silhouette énorme et pourtant harmonieuse : ainsi, dans ses panneaux de l'École de pharmacie où il créa ces paysages préhistoriques d'une puissante vision ; on y voit des éléphants — masse rocheuse, montagne qui se dandine — sur des couchants d'un mauve suave. Ailleurs, dans une aquarelle, des éléphants enlèvent des femmes nues dans leur trompe, ce qui est une imagination bien étrange et bien troublante — et les balancent en ce hamac de chair rugueuse, parmi des arbres voluptueux.

Mais c'est encore le cheval que M. Besnard préfère, pour ses lignes frémissantes, sa robe qui est une palette, Il aime faire des portraits équestres. Souvent il peignit des chevaux, sauvages et en pleine nature, ou se cabrant devant la mer, ou bien encore légendaires, d'allure apocalyptique, dans des sites de rêve.

Mieux que les animaux, les femmes seront un admirable motif décoratif pour l'artiste, qui ramène ainsi toutes les formes à une signification synthétique de lignes et toutes les couleurs à des accidents du grand Prisme qui sans cesse se déforme et se réforme.

Logiquement donc, M. Besnard devait être un peintre de la femme. Ici encore s'accuse son sens du moderne. Il l'arme d'une parure qu'on sent terrible ! Et toute la stratégie des volants, des dentelles, où le désir s'élance, souffre, meurt ! Et les bijoux qui sont des feux où on se brûle ! Et les lèvres qui sont fausses de trop de fard ! Charme de l'artificiel ! Savant maquillage, cher comme un beau mensonge ! Les voilà, les femmes du siècle, créatures de jeu et de proie. C'est le peintre qui les habille. Certes, il sent la mode ; souvent, il la devine ; mais il ne s'y conforme pas. Il ne peint jamais un ajustement sans le déformer, mettre d'accord les plis avec des mouvements de nature. La robe ici déferle comme la mer. Telle jupe qui s'enfle est copiée sur les volutes de la flamme qui monte, sur les arabesques d'un nuage. Les voilà donc, tantôt textuelles dans de prestigieux portraits comme ceux de Mme Jourdain, de Mme Lemaire, tantôt un peu imaginaires, à la fois blondes somptueusement, finement brunes, rousses surtout, ces rousses dont il nous a laissé des nus inoubliables : leur chair toute moderne, chair un peu verte comme est la chair des rousses, d'un vert de linge sous le feuillage ; leur nuque tentante, fouillée par un pinceau sensuel ; puis encore et surtout leurs cheveux, d'un roux spécial. Un roux où il y a de l'or, du sang, une patine ; un roux qui mixture les rouilles de l'automne et celles de la chimie ; un roux qui est de la lumière et de la teinture, qui ajoute à la beauté de la nature le raffinement de l'artifice. Ne retrouve-t-on pas ici encore, et à son insu, le peintre aux influences scientifiques ?

Mais M. Besnard n'a pas besoin, pour être coloriste, de ces motifs éclatants. Il l'est autant avec du blanc et du noir, à preuve qu'il commence ses portraits par une grisaille ; à preuve aussi ses eaux-fortes qui forment une collection admirable, d'une imagination neuve, d'une lumière aiguë, d'une facture subtile et large ; telle sa série d'illustrations pour le livre intitulé *La Force psychique*.

Car il fait de l'illustration comme il fait de la peinture monumentale, du portrait, des paysages, des animaux, des vitraux, des eaux-fortes. Sans doute qu'il aurait même fait de la sculpture, sans un scrupule de délicatesse et pour ne pas entrer en joûte avec Mme Besnard, qui est un statuaire subtil et puissant. Toutes ces formes alternatives sont indifférentes et familières à ce peintre qui est aussi un grand artiste, c'est-à-dire un homme d'idées générales, de sensations cérébrales et nerveuses, d'imagination universelle, et qui entend se servir de tous les moyens d'art pour exprimer sa pensée ou son rêve.

N'avions-nous pas raison de dire, par conséquent, qu'il était le contraire de ces spécialistes, dénoncés par Baudelaire, et de lui appliquer le jugement prononcé sur Delacroix : « Lui aimait tout, savait tout peindre. »

Cette aptitude à tout, cette fécondité inlassable sont un des signes de la maîtrise. M. Besnard le possède et, en outre, toutes les autres qualités d'un maître : franchise d'un dessin sûr de lui-même, combinaisons inédites de lignes, audace et science d'un coloris qui éclate en harmonies neuves. Mais il y a plus : la peinture, chez lui, ne cesse pas d'être elle-même pour exprimer des idées ; et c'est ainsi qu'il y apporta un élément d'absolue nouveauté : la *représentation d'un Idéal selon la Science par des moyens plastiques*. La Science est jalouse, exclusive. Le grand rêve du siècle, ç'aura été de réussir quelque alliance avec elle : tantôt l'accord de la Science et de la Foi ; puis celui de la Science et de la Littérature ; or, M. Besnard a vraiment réalisé l'accord de la Science et de l'Art. Il eut vite fait de renoncer, lui, aux dieux et aux héros de Delacroix, lequel ne voyait dans la vie que l'éternel conflit de l'humain et du divin, de la Religion et de l'Histoire. Mais leurs calmes ou tumultueuses tuniques sont un peu le vestiaire des siècles ; l'Art s'y est trop souvent habillé. M. Besnard est autrement novateur et moderne : avec une vision positiviste de la vie, il nous évoque le drame unique de la Nature où les Forces évoluent en des Formes et des Couleurs changeantes, selon une Loi incommutable.

De sorte que s'il fallait offrir un emblème

allégorique de son art, on le trouverait dans un Thyrse, orné de fleurs : le Thyrse inexorable comme une figure de géométrie, les fleurs qui sont toute la poésie de la Matière.

M. CARRIÈRE

M. Carrière a une conception d'art très spéciale et très grandiose. Seule, la signification des êtres et des choses l'intéressant, il inventa et réalisa une peinture où tout l'accessoire, ce qui est contingent, temporel, ce qui est de race, d'époque et de caste, se trouve volontairement négligé, dédaigné, pour n'aboutir qu'à l'essentiel et dégager, des formes variables, ce que la vie et la nature ont d'absolu. On devine d'emblée la majesté sévère d'une œuvre selon une telle esthétique. Déjà Corot avait dit : « La lune anoblit tout, parce qu'elle efface les détails et ne laisse plus subsister que les ensembles. » M. Carrière, qui efface aussi les détails, réalise le même anoblissement. Ses toiles en prennent également un air lunaire. Il y flotte une fumée argentine, une brume de rêve, la cendre grise envolée du sablier des Heures. Il *fait soir* dans ses tableaux, commencement de soir, crépuscule intermédiaire. Or tout se simplifie, là où règne le soir. Et voici, en effet, sur les fonds de crêpe, des figures émergeant...

Ces figures des tableaux de M. Carrière, il semble qu'on ne les contemple pas elles-mêmes, mais seulement leur reflet. Elles sont comme aperçues dans un miroir, comme aperçues dans l'eau, dont c'est le propre de se prolonger au delà d'elle-même, d'ajouter de l'infini aux mirages qu'elle absorbe. Elles apparaissent dans un recul — est-ce d'espace ou de temps? Sont-elles en exil ou déjà posthumes? Le peintre les voit comme on voit les êtres dans l'absence, comme on les voit dans la mort. « Je n'aime que ce que garde le souvenir », dit-il. Et c'est cela seulement qu'il peint : ce qui reste des êtres dans la mémoire, c'est-à-dire le songe d'eux-mêmes, moins ce qu'ils sont que ce que nous les voulions, avec des traits épurés, et comme situés à la ligne d'horizon du temps et de l'éternité.

C'est pourquoi même ses « nus », des nus d'une beauté souveraine, n'ont plus rien de charnel, encore moins de sexuel. Ces femmes, dont le geste abdique jusqu'à leur dernier linge, ont l'air simplement de se déshabiller de la vie et de rentrer dans la Nature.

La Nature éternelle, voilà la bonne conseillère où M. Carrière s'inspire. Il n'a fait que regarder autour de lui. C'est son propre foyer qu'il a transsubstantié en art. Il a tout simplement utilisé la compagne de sa vie, aux nobles traits, et ses enfants eux-mêmes, pour composer, en cent toiles pensives, cet ensemble qu'on pourrait appeler le Poème de la Maternité. Il a peint la Sainte Famille laïque.

Grâce naturelle des enfants! Tendresse attentive des mères! Mais ce ne sont pas seulement des mères qu'il a voulu rendre; en généralisant le modèle, il a représenté *la* mère : fonction auguste, caractère sacré, sacerdoce humain. Il a mené son art jusqu'au type, dans ce qu'il a d'immuable. La mère qu'il peint incarne le total de l'amour maternel. Elle a des gestes résumatoires. Quelles admirables étreintes, tendres et passionnées, le peintre a trouvées! Quels contournements des mains pour entourer et presser! Les mains des mères, chez lui, sur les visages des enfants, sont des fermoirs qui ont l'air de serrer un trésor. Ces mains sont des ailes aussi, avec des allongements, des appuiements qui couvent...

Les mains! c'est ce qu'il y a de plus étrange et évocateur, dans les œuvres de M. Carrière. Nul, peut-être, parmi les peintres de tous les âges, n'aura compris, comme lui, l'importance des mains, leur signifiance, les mystères de l'âme qu'elles élucident en même temps que le visage; les mains qui sont les échos du visage, trahissent, renseignent par leur pâleur, leurs formes, leurs lignes.

Est-ce qu'il n'y a pas des signes énigmatiques dans les mains, qu'on déchiffre, qu'on interprète, grimoire de nos destinées, géographie mystérieuse des passions. M. Carrière a senti cette importance des mains pour la caractérisation de l'être. Aussi a-t-il fait des études de mains, par centaines, analysées, étudiées, lues, en une sorte de chiromancie de la peinture.

M. Carrière, parmi ces attitudes de mains, toujours neuves et significatives, a trouvé, entre autres, un si joli geste, une si caressante bifurcation au poignet, comme d'une branche qui se contourne. C'est dans les plantes qu'il a vu ce geste. Car, pour lui, les plantes sont des êtres. Les êtres sont des plantes. « Nous tenons aussi à la terre, mais nos racines, nous les portons », dit-il, avec ce lyrisme panthéiste dont on sent en lui la source infinie et qu'il épanche en paroles courtes, saisissantes, brusques, la bouche ouverte et l'air détaché, comme ces grands monts receleurs de fleuves, qu'ils distribuent en petits ruisseaux intermittents.

Panthéiste, il l'est vraiment, au point que ce sont des études de nature, prises en Bretagne, qui lui ont surtout servi pour son magnifique tableau : *Le Théâtre de Belleville.* La salle non plus n'est pas close, pas plus que ses esquisses de paysages dont les chemins continuent, *vont ailleurs*. Et ces marines du Finistère, les voici transposées pour peindre le peuple en remous au spectacle.

Est-ce que la foule n'est pas la houle? Et le peintre lui donne aussi un mouvement de flux et de reflux, des obscurcissements ici, avec des accents sans visages, et plus loin des lumières brusques sur certains groupes qui sont l'écume au soleil de cette masse.

Or le drame se déroule dans le clair-obscur, la buée trouble... Le peuple, avec son âme ingénue, se passionne, se donne tout entier. Il n'y a plus un public. Il y a une foule qui n'est plus qu'une seule pensée, une seule volonté, une seule âme. Unification merveilleuse ! Lombroso a parlé du crime des foules. Voilà pour l'action. Mais comment réaliser la conscience des foules ? M. Carrière y a réussi; il a peint une foule (et cela n'était possible qu'avec le peuple) rentrée dans la Nature, devenue pour ainsi dire un élément, et qui se meut sous le drame, comme la mer sous la lune.

M. Carrière a peint aussi des portraits. De la foule, il chercha à dégager la sensibilité; des individus, l'intellectualité. C'est pourquoi il ne s'attacha à rendre — soit dans des portraits à l'huile, soit dans une série de lithographies — que quelques artistes d'élite, des écrivains, des poètes: Daudet, Verlaine, Edmond de Goncourt qui s'y reconnaissait « comme modelé dans du clair de lune », disait-il. Effigies qui racontent toute la vie cérébrale du modèle, étonnantes biographies, qui sont en même temps des synthèses, pour ainsi dire, de la condition humaine et de la condition de l'art, en ce crépuscule d'un âge orageux.

Ainsi Carrière élargit la signification de chacune de ses œuvres, qui n'est plus isolée par son cadre. Elle communique avec toute la vie morale et sociale. Chez lui, un portrait d'artiste fait penser aux œuvres, à l'anxiété de la production, aux luttes, à la gloire. Une scène de maternité évoque l'amour, les craintes tendres, les maladies infantiles, la rapidité du temps qui va bientôt tout changer, qui fait grandir les uns et mourir les autres. Les tableaux de foule et de passants, en grisaille, racontent le labeur, la marche aveugle dans la brume du destin où chacun se sent seul...

Ainsi toujours l'art de M. Carrière simplifie jusqu'aux idées générales, et c'est le miracle de son haut talent de se projeter au delà de lui-même en restant soi, d'enfermer tant de philosophie dans des formes qui ont déjà leur fin en elles-mêmes.

M. JULES CHÉRET

Celui-ci est un apporteur de neuf. Il a conquis à l'art une province nouvelle. Il créa l'affiche artistique ; et toute la pléiade d'aujourd'hui : les Grasset, les Toulouse-Lautrec, les autres — n'a fait que le suivre dans la voie où il est un maître. C'est en Angleterre, pays de la réclame et de l'imagerie, où il habita longtemps, que l'idée lui en vint. Mais cette idée anglaise, il l'exprima avec le goût suprême et l'esprit endiablé du Parisien qu'il est.

Le mélange en demeure apparent.

M. Chéret veut faire un art gai : papillons et falbalas ! Il a même, dans son atelier, une collection de papillons, qu'il déclare « les plus beaux modèles ». Son idéal de la joie (le peintre de la joie, a-t-on dit de lui), et aussi son idéal du mouvement, sont des apports bien parisiens. La femme qu'il a inventée, « la femme de Chéret », dira l'avenir, trophée de nerfs et de chiffons, avec sa grâce innée, son corps onduleux, sa bouche en œillet, ses cheveux d'un blond de vin qui mousse, est exclusivement parisienne.

C'est pour cela sans doute que si souvent, à l'étranger, nous avons trouvé chez les esthètes, les personnes de goût, telle affiche de lui, tel pastel. Villiers de l'Isle-Adam, dans un de ses contes d'extraordinaire imagination, proposait « l'Etna chez soi ». Posséder une œuvre de M. Chéret, c'est avoir, chez soi, Paris.

Mais si son idéal de la joie est tout français, ce qui vient de Londres c'est la qualité de cette joie, souvent déterminée par le souvenir des Edens et concerts londonniens, c'est-à-dire alors une gaîté plutôt britannique, cette gaîté maquillée, désarticulée, qui rit comme chatouillée jusqu'à en devoir mourir, et qu'on craint obligatoire à la façon de celles des clowns.

Il y a même dans son œuvre un point de jonction des deux influences, qui est curieux : un jour, pour l'illustration du *Pierrot Sceptique* de MM. Huysmans et Hennique, M. Chéret inventa le Pierrot en habit noir, le Pierrot que rien ne réjouit plus. Ce Pierrot en demi-deuil n'est autre que le Gilles français de Watteau qui a pris, à Londres, le frac macabre des Hanlon-Lee.

N'importe ! il faut amuser. Le gaz s'allume aux façades de plaisir. L'orchestre chante. L'affiche aussi sonne sa fanfare de couleurs pour la parade de la porte. Et quel cuivre sonore que ce joli jaune si aigu, si spécial dans toutes les affiches de M. Chéret.

> Il existe un bleu dont je meurs,
> Parce qu'il est dans les prunelles.

a dit finement M. Sully-Prudhomme. Il est un jaune dont je ris parce qu'il est dans ses affiches — un jaune ravigotant comme la pelure des citrons.

Sur la pierre lithographique que l'artiste prépare pour le tirage de ses affiches, il met toujours ce jaune, avec du rouge, avec du bleu. Trois couleurs seulement, primordiales, sont possibles. Il les pose en trois motifs principaux qu'il gradue, nuance, augmente, dégrade — sur la maquette d'abord, traitée en gouache, avec des frottis de pastel, puis sur la pierre où il transporte cette maquette.

Mais l'œuvre de M. Chéret ne se compose pas seulement de ses admirables affiches. Par elles, il se devinait déjà un décorateur de race, puisqu'il en orna les murs avec un sens décoratif large, délié, expert aux lignes harmonieuses.

Depuis, son talent s'est agrandi extraordinairement. Après ses affiches, fantaisies à un seul personnage, il se mit à faire de la peinture à l'huile, des décorations proprement dites, comédies shakespeariennes avec de multiples acteurs, des mouvements de foule : une pour le musée Grévin, seulement à l'état d'esquisse, qui formera une allée de danseuses, les bras levés en voûte ; une pour l'Hôtel-de-Ville qui ornera toute une salle d'un déploiement d'enfants et de figures heureuses ; une autre encore, terminée, pour la décoration d'une villa à Evian, qui constitue un délicieux ensemble : plafond, panneaux de salle à manger, portes, et trumeaux — sans compter une série de merveilleuses sanguines par quoi M. Chéret s'affirme directement en filiation avec les maîtres du xviii° siècle.

Toujours des Fêtes Galantes, des jubilés de joie, où des groupes d'apothéose s'enlacent et se désenlacent

Le Gilles de Watteau se croyait perdu en ce siècle morose, et en exil puisqu'il n'était pas comme les autres... Il n'est plus seul. Il en a retrouvé qui lui ressemblent. Un autre Watteau s'occupe de lui. Et il y a encore des pâtés succulents, des feux blancs qui ne sont plus ceux du clair de lune, mais s'en rapprochent... Lumières électriques, douces quand même, et qui lui laissent sa pâleur un peu verte, à laquelle il tient... Les Colombines l'aiment ainsi... Car les Colombines aussi sont revenues, innombrables maintenant. Elles dansent des sarabandes autour de lui. Elles l'attachent avec des chaînes de roses. Tout tourne. Est-ce à cause du vin trop blond ?... Ou des cheveux blonds aussi ? Est-ce de suivre la ronde infinissable en ce plafond qui feint d'être ovale mais l'entraîne quand même, et entraîne les Colombines et les entraîne tous, en un cercle probablement vicieux. Pierrot est ivre un peu. Il fait des calembourgs.

Et la ronde continue au plafond — Olympe de joie, dans un recul et comme au delà de notre atteinte.

Car M. Chéret, après un dessin minutieux de chaque figure, a soin d'estomper, d'effacer, afin que l'impression soit plus vaporeuse et féerique — Il s'agit bien, en effet, d'un spectacle vu comme un rêve, quelque chose d'électrique, de lunaire, de phosphorescent; les formes qu'on entrevoit parfois dans les flammes bleues du punch; les jeux fous de la couleur sous des éclairages artificiels.

Tout cela, M. Chéret s'y évertua. Il l'avait déjà indiqué en quelque pastels, ses premières décorations.

Or, un jour, voici que surgit une imprévue danseuse; cette Loïe Fuller (dont il fit d'ailleurs maintes affiches et peintures) qui, moins femme qu'œuvre d'art, montra soudain, réalisées, toutes ses recherches. Qui oubliera l'extraordinaire spectacle? Miracle d'incessantes métamorphoses! La Danseuse prouva que la femme peut, quand elle le veut, résumer tout l'Univers: elle fut une fleur, un arbre au vent, une nuée changeante, un papillon géant, un jardin avec les plis dans l'étoffe pour chemins. Elle naissait de l'air rose, puis soudain y rentrait. Elle s'offrait, se dérobait. Elle allait, soi-même se créant. Elle s'habillait de l'arc-en-ciel. Prodige d'irréel ! Remous de tissus ! Robe en feu, pareille aux flammes où se cache Brunehilde et qu'il faut traverser pour la conquérir.

M. Chéret s'en enthousiasma : *elle lui donnait raison*. Est-ce que lui-même ne faisait pas, bien auparavant, du Loïe Fuller peint ?

Or, de son côté, il avait rendu déjà la poésie des couleurs en mouvement, ce qui se décolore et qui se recolore sous des éclairages factices, des feux de Bengale, des projections de lumières fondantes.

Ses œuvres aussi sont de la danse : des féeries, des pantomimes, des ballets.

Tantôt, dans les affiches, ils se jouent en plein air, à la clarté crue du jour ; tantôt, dans les pastels et les peintures décoratives, où règne un jour de théâtre, ils semblent corroborés par des feux de rampes. Figures en rêve, sarabandes de lettres, carnaval qui se déhanche, rit, s'excite, mais dont on sent — et c'est la philosophie supérieure de cet art — qu'il va s'achever dans une aube livide comme la mort.

M. CLAUDE MONET

Un des grands peintres actuels, pour ceux qui estiment que la peinture se suffit à elle-même, n'a pas pour objet d'exprimer des idées, des sensations littéraires, mais possède une volupté propre, dégage une poésie qui est sienne, avec le seul prestige des lignes heureuses, des couleurs subtiles et accordées. La Nature entière est « nature morte » pour un peintre d'une telle esthétique, qui, alors, est surtout un œil, une rétine merveilleusement sensible, un œil contre lequel, dans la tempe, est blotti un écheveau de nerfs, comme une télégraphie magique qui communique avec toutes les nuances de l'air. Même au physique, M. Claude Monet se caractérise par un œil extraordinairement mobile qui, dans son vaste visage de sérénité, luit, vrille, s'ébroue, est rincé de rayons, fourmille, miroite, semble taillé à facettes et avoir aussi les spasmes de lumière du diamant.

C'est peut-être la première fois, dans l'histoire de l'art, qu'un tel œil s'est posé sur le paysage. Et voilà pourquoi M. Claude Monet a renouvelé la peinture de paysage. C'est ainsi chaque fois que paraît un artiste original. Quand Banville parlait de la rose, c'était comme s'il eût été le premier poète ayant vu la première rose. Pour M. Claude Monet, chaque paysage qu'il peint a l'air d'avoir été regardé pour la première fois par un peintre. Et la sensation de nature est pour nous aussi, dans ses toiles, tout insoupçonnée et toute vierge.

C'est à cause de cette nouveauté de vision que le peintre fut longtemps méconnu. On refusa ses envois aux Salons. Son *Déjeuner sur l'herbe*, admis à celui de 1864, y provoqua des colères ou des rires. On sait le mot fameux de Cabanel sur cet exquis Corot : « Les Corot? ah! oui... ça se fait avec le grattage de nos palettes. » A plus forte raison, lui et ses pareils durent juger ainsi les premières œuvres de M. Claude Monet. Seuls Gautier et Daubigny furent bienveillants, et surtout Manet qui, lui, se montra enthousiaste.

Cette amitié de Manet s'explique d'autant plus, que son propre art en bénéficia. Si, au début, M. Claude Monet subit un peu l'influence de Manet, il est plus vrai de dire que Manet subit l'influence de M. Claude Monet, pour toute la seconde partie de son œuvre. On voit presque le moment précis où l'affluent se mêla au fleuve en marche.

C'est que M. Claude Monet surtout, à son insu et de par son instinct, fut un grand novateur. C'est lui qui cassa les vitres des ateliers, réalisa dans sa totalité ce que le plein air pouvait ajouter de frémissement et de vibration lumineuse à la peinture. C'est lui qui clarifia la palette, la nettoya des ocres, des obscurcissements séculaires, et fixa enfin sur la toile toute la lumière, grâce à sa technique du ton simple, du ton fragmentaire, posé par touches brèves et successives.

La peinture a suivi ainsi parallèlement la science, les expériences de Rood, les études de Chevreul. Toutes les couleurs associées donnent le noir. Par conséquent, le mélange des tons sur la palette est un acheminement vers le noir. Il fallait donc ne pas mélanger les tons, pour obtenir toute la lumière.

M. Claude Monet y a réussi. Il a saisi jusqu'aux plus fines sensibilités de l'atmosphère, par sa décomposition des tons. On peut dire qu'il apprivoisa la lumière, sans que ce féerique oiseau, aux ailes couleur du prisme, ait perdu une plume ou un duvet entre ses doigts. Délicat et puissant, l'artiste a accumulé une œuvre énorme, peignant à Giverny, dans le Midi, à

Antibes, à Argenteuil, dans la Creuse, dans les neiges du Nord, les prés de Hollande ; mais ce ne sont pas seulement des marines qu'il a peintes, des débâcles de fleuves gelés, des rives de la Seine, des jardins de tulipes, des aspects de gares nocturnes, des rues livides de banlieue parisienne, des brumes londoniennes, des séries de peupliers, de meules, de cathédrales, de falaises, sans compter ses merveilleux paysages d'eau, avec tout le maquillage, le tatouage enfiévré des reflets. Outre cela, ce qu'il a peint, et principalement peint, c'est ce qu'il y avait entre le motif de chaque tableau et lui-même, c'est-à-dire l'atmosphère. Il a peint surtout ce que les peintres avaient à peine vu : l'air, ce qui entoure les objets et qui nous en sépare, ce qui les modèle, ce qui les caractérise. Les sites et la vie elle-même varient selon l'état du ciel, le caprice des nuages, la journée ascendante ou au déclin. Or M. Claude Monet, en même temps que tel paysage, peint aussi *l'heure qu'il est*, l'heure où il le voit ; il exprime donc sa vérité éternelle et sa vérité éphémère, comme d'une figure dont on fixerait les lignes, et, de plus, le mouvement. L'après-midi, le paysage est déjà différent de ce qu'il était le matin. Tout l'éclairage atmosphérique a changé. Aussi, le peintre ne travaille que quelques heures au même effet. Le lendemain, il reprend la toile à un moment identique et de caractère analogue. Il échelonne parfois plusieurs tableaux, qui racontent ainsi les évolutions de la journée. Il faudrait craindre que cette conception d'art ne se condamnât elle-même à l'improvisation, s'il n'y avait pas la mémoire, qui emmagasine et vient guider, corriger, les jours suivants, par le souvenir de la première perception.

Art tout spontané, et par conséquent inépuisable que celui de M. Claude Monet, qui, avec son pinceau prestigieux comme un archet, tira, des sept couleurs, d'infinies variations. M. Claude Monet est le Paganini de l'arc-en-ciel.

M. RAFFAELLI

M. Raffaelli est un exemple topique à l'appui de la théorie sur l'influence des milieux que Taine préconisa. Pour avoir habité longtemps Asnières, pour avoir vécu dans cette zone intermédiaire qui sépare les grandes villes de la pleine campagne, il se mit à peindre la banlieue et y trouva une voie féconde, neuve, indéfinie. Surtout que la banlieue parisienne est spécialement significative, émouvante, avec ses terrains nus, pelés, ravagés, comme si une bataille s'y était livrée. Et n'est-ce pas la frontière, en effet, où la Nature et la ville se joignent, se heurtent, luttent, se déciment l'une l'autre, au point qu'on ne sait, en fin de compte, laquelle des deux l'emporte? Est-elle urbaine, cette région contaminée où les maisons se débandent, où les rues meurent inachevées? Est-elle rurale, cette terre dont l'herbe est rase, les arbres malingres, les champs jonchés de détritus et habillés de la fumée noire des usines?

Mais, pour un peintre, quel caractère dans

cette banlieue ! Or M. Raffaelli, de par son talent raisonneur, logique, devait surtout aimer les aspects dont il serait possible de formuler avec précision le caractère. Il a l'esprit trop formel pour aboutir à des synthèses ou des symboles. Ce serait un peintre plutôt réaliste, encore qu'il ait exposé, naguère, avec les impressionnistes, dans le groupe desquels on le confondit. Mais, en réalité, il n'est d'aucune école. Sa personnalité est unique; ce domaine d'art de la banlieue lui est propre, et son esthétique aussi, qui le lui a fait exploiter avec acuité et avec quelque chose de la main décidée des chirurgiens. C'est que cette terre suburbaine a pour lui un visage, un corps pour ainsi dire. Terre malade, que des anémies, des cancers, des arthrites rongent. Le peintre suit les lignes du terrain comme des muscles. Son pinceau a des rigueurs qui dissèquent. Il détaille l'anatomie du sol. Il va jusqu'à l'ossature. Et même dans la couleur, voici des bleus de misère et de froid, des rouges de dartre...

Et les plis des terrains s'accordent avec les plis des vêtements. Car ces contrées suspectes sont occupées par quelques figures : un rôdeur, un chiffonnier, un terrassier (parfois aussi un vieux cheval). Or, ceux-ci ne sont-ils pas, à leur tour, comme une banlieue d'humanité ? Epaves de la grande ville, vaincus par elle, et incapables, d'autre part, de rentrer dans la simple vie des champs, qui commence plus loin.

Ces corps en ruine, aussi ravagés que les terrains, ces haillons aussi décolorés que les cultures, M. Raffaelli excelle mêmement à les exprimer, mais sans apitoiement pour ces existences vagabondes, toujours avec la même rigueur d'âme et de dessin, qui ne se préoccupe que de dégager leur caractère avec sincérité.

La sincérité, voilà la qualité dominante de ce bel artiste. Et l'orientation de son œuvre même nous en fournit une preuve curieuse. Il peignit la banlieue tant qu'il vécut à Asnières. Or, depuis ces dernières années, il est revenu habiter Paris.

Eh bien! rentré ici, il eut des yeux neufs — ce Parisien de Paris, pourtant — ou, du moins, des yeux renouvelés par l'absence, pour regarder la ville, les rues, les boulevards, les passants. Et le peintre de la banlieue est devenu le peintre de Paris. Intéressant avatar où son esthétique foncière subsista; car il chercha encore à peindre les divers quartiers en exprimant surtout leur caractère distinctif : une toile est le quartier Saint-Sulpice, discret et ecclésiastique; une autre, les Champs-Elysées, d'élégance mondaine, mouvementée, avec de riches nourrices pavoisées comme des goélettes; une autre encore, la place de la République, d'aspect marchand et populaire. Et toute une série s'enchaînera.

Cette évolution prouve combien M. Raffaelli est sincère et combien aussi il est chercheur. Il rentre moins que personne — quoiqu'on le suppose le peintre attitré et exclusif de la banlieue — dans le cas de ces peintres spécialistes que Baudelaire dénonçait avec raison. Lui, au contraire, s'est acheminé dans tous les sens : outre des paysages de ville et de faubourgs, il a peint les petites gens, des fleurs, le monde des cafés-concerts, des portraits, celui de de Goncourt qui est au Musée de Nancy, ceux de mondaines dont il a réussi les luxueuses parures avec le même pinceau qui peignait des haillons. Et toutes les matières : huile, aquarelle, pastel, crayon, sans compter le burin, car il fait des eaux-fortes, entre autres des eaux-fortes en couleur dont il opère lui-même le le tirage. Et de la sculpture aussi, où il essaya d'innover, de créer en bronze des sortes de bas-reliefs ajourés qu'on pourrait suspendre au mur des appartements comme des tableaux. Qu'est-ce qu'il n'aborda pas encore? Il essaya de la ferronnerie, des bijoux qui étaient de vastes fleurs, d'inquiétants animaux. Enfin il manie la plume, ami des écrivains, écrivant lui-même. Il consigna de nombreuses notes et pensées sur l'art, qu'il publiera peut-être un jour.

Il suit en cela la tradition de maints grands artistes : est-ce que Michel-Ange, Quentin-

Metzys et, de nos jours, Fromentin, n'ont pas pratiqué ces cumuls ? Les formes d'art sont les moyens d'expression d'une âme artiste. Mais cette âme surtout importe, et l'œuvre d'art n'intéresse même que parce que « une œuvre d'art est un état d'âme », selon la définition que M. Raffaelli en a trouvée, et dont toute son œuvre, aiguë et pittoresque, est la confirmation, puisqu'il s'y raconte lui-même sous la forme de sites et de passants qui n'avaient de joie ou de tristesse que la sienne.

M. JAMES M. N. WHISTLER

———

Peintre américain, habitant Londres, il fut aussi naturalisé parisien, surtout depuis qu'il apporta comme don de Joyeuse-Entrée, pour le musée du Luxembourg, ce chef-d'œuvre : *Portrait de la mère de Whistler*. Quelle ligne hardie et neuve que celle de ce long corps à peine entrevu dans la robe noire ! Et quelle pénétration psychologique : l'âme même remontée au visage, car c'est elle qui éclaire de son rose de couchant les joues que l'âge a faites pâles. Et ces blancs si chastes : celui du bonnet de dentelle, celui du mouchoir tenu en main avec ce geste, on dirait, d'une première communiante ! Est-ce que la vieillesse ne ramène pas à la pureté initiale ? Et le noir profond, moucheté de fleurettes, de la tenture, cette tenture significative derrière laquelle on sent que toute la vie de la femme frissonne encore, mais s'éloigne, s'oublie !... Et pour raccorder ces blancs et ces noirs, le gris d'ensemble qui adhère aux murs, flotte en buée, propage ses sourdines, unifie sa cendre morte, comme s'il était au dehors, la cendre des années envolée du cœur maternel !

Dans ce portrait d'une beauté sans date et qui porte déjà comme un air d'éternité, la patine anticipée des siècles, M. Whistler s'exprima avec une sincérité, une émotion, qui, du coup, le menèrent jusqu'à la grandeur, lui qu'on imaginait seulement compliqué, arrangeur de goût suprême, et d'un subtil dandysme d'art et d'esprit. Dandy, certes, il le fut toujours. Et par ses attitudes, son mépris du naturel, ses dédains, son esprit cruel, on ne sait quoi de théâtral et d'artificiel, il fait penser à Barbey-d'Aurévilly, exégète du dandysme. Il y fait penser aussi par sa combativité toujours en éveil. Ses démêlés furent mémorables. Il vécut en guerre contre Burne-Jones et les préraphaélites, dont l'art, à son avis, est trop littéraire, peu original, et ne fait que recommencer les primitifs. On sait aussi son procès contre Ruskin, l'illustre critique. De tout cela, est résulté un livre : *Le doux art de se faire des ennemis*, édité avec un luxe unique et cette recherche esthétique que M. Whistler apporte à tout. Il y a là, entr'autres, le *Ten o'clock*, causerie faite à Londres et à Oxford.

« Oui, nous observait-il, j'ai voulu, après que tout le monde avait dit ce qu'il pensait de cet homme, que cet homme vint dire ce qu'il pensait de tout ce monde. »

Ce dut être un spectacle piquant que d'assister à la lecture de ce fin et mordant bréviaire d'art, accentué par toute la mimique savante de l'auteur et son physique étrange : l'œil luit derrière un monocle, la bouche se retrousse en rose chiffonnée, une légendaire petite mèche blanche, unique, s'insurge en aigrette dans la chevelure plus foncée ; il rit par saccades, et une malice pétille sur tout son visage, ce visage tourmenté, ouvragé comme un ivoire japonais.

N'est-il pas bizarre, ce goût du bruit et des algarades avec la foule, chez un peintre dont l'art est si aristocratique ? C'est peut-être qu'il aime la bataille à la façon d'un sport, et s'amuse de ses ennemis comme d'un tir aux pigeons.

Après quoi il rentre dans le rêve. Ses tableaux sont des rêves de la couleur. D'abord à cause de son gris unique : on dira un jour le gris de Whistler, comme le roux de Rembrandt, le rose de Fragonard.

Ce gris indéfinissable est fait de toutes les nuances. Un peu blanc, un peu bleu, un peu vert. Quand on regarde un de ses tableaux, c'est comme si on entrait au dedans d'une perle. Gris de brume et de lointains, moins inventé pourtant qu'observé et copié. C'est le gris tendre des côtes d'Angleterre, la couleur de la mer du Nord et du ciel qui, l'été, est au-dessus, ce gris d'horizon où le bleu pâle du ciel et le vert pâle de la mer s'unissent et ne font plus qu'un. Nuance subtile et bien d'accord avec les sourdines et les pénombres auxquelles le peintre se complait. Il est le symphoniste des demi-teintes, le musicien de l'arc-en-ciel. Nul n'a mieux compris les rapports mystérieux de la peinture et de la musique : sept couleurs comme il y a sept notes, et la façon d'en jouer, avec ce qu'on pourrait appeler les dièzes et les bémols du prisme. Et comme telle symphonie est en *ré*, telle sonate en *la*, ses tableaux aussi sont orchestrés selon un ton, par exemple la *Dame à l'iris*, fleur mauve posée dans la main de la femme comme une note et signifiant que tout le portrait sera une polyphonie colorée des lilas et des violets.

Ce qui précise mieux encore cette curieuse esthétique, ce sont les titres de certaines petites toiles, figurant des crépuscules de Venise ou de Londres, qu'il intitula lui-même des Nocturnes, parallèlement à ceux de Chopin, mais d'un Chopin serein et qui rêve au lieu du Chopin malade et qui pleure ; titres significatifs : « Nocturne en bleu et argent ; nocturne en bleu et or ». C'est toujours le ton des horizons maritimes d'Angleterre, ici devenu plus bleu, comme il deviendra plus gris dans des tableaux d'intérieur où les personnages évoluent parmi le clair obscur du crépuscule en cendre.

En cela il est bien du pays où il se fixa et dont il porte partout le ciel dans ses yeux.

De même, dans ses admirables portraits, ceux de Carlyle, de miss Alexander, de Sarasate, son portrait par lui-même, et les autres, et tous, il se révèle de son pays d'origine, de cette inquiétante Amérique, de la race qui a produit Edgar Poë. Les modèles en sont obsédants. Surtout les femmes, qui, toutes modernes et même en toilettes de bal, hantent aussi comme des Ligeia et des Morella, émergeant, en apparitions, du crépuscule des fonds. Il y a de l'énigme dans tous les personnages de ses portraits. On ne sait s'ils rentrent dans la vie ou s'ils en sortent presque. Ils sont à la ligne d'horizon où tombe le jour de l'Éternité. Ils ont l'air anoblis par l'absence, déjà dans le recul du temps, presque posthumes à eux-mêmes. Ils sont ce qu'ils auraient dû être, ou ce qu'ils deviendront.

Et c'est sans doute pour ne point déranger cette atmosphère hallucinée, un peu somnambulique, de ses œuvres, que M. Whistler, souvent, se garde d'y introduire la réalité trop formelle de son nom. Comme sa manière est tout de suite évidente et son originalité unique, il signe d'un emblème qui est, pour lui, une signature suffisante : une sorte de papillon immobile, petit vol fantomatique — comme s'il signait de son âme.

SCULPTEURS

M. RODIN

M. Rodin est un des rares hommes de génie actuels. Nul n'aura davantage révolutionné son art, si ce n'est, quant à la poésie, Victor Hugo auquel il fait songer.

Grâce à lui, la sculpture est devenue le drame, c'est-à-dire quelque chose de vivant et d'humain, au lieu de la tragédie compassée, de l'art d'hypogée, qu'elle était. La sculpture antérieure en était arrivée à quelques attitudes conventionnelles, à un cérémonial restreint de gestes nobles. M. Rodin se renoua à la sculpture du moyen âge, qui sortait du peuple et en tenait son grand accent humain. Ainsi il offrit à son tour des gestes, des attitudes de corps d'une nouveauté qui déconcerte.

Gestes et attitudes moins trouvés que *retrouvés*; non plus académiques, mais humains, enfin! Il lui avait suffi de regarder directement les hommes, les pauvres et tragiques hommes, sans plus le souvenir des dieux, des héros, des figures allégoriques, tout l'Olympe suranné, toute l'humanité factice des écoles. Alors il vit qu'il y avait, non plus quelques gestes, quelques attitudes uniquement beaux ; mais des milliers de gestes, des milliers d'attitudes, qui tous étaient beaux... L'humanité est divine comme la vie. Chaque être, et chaque minute de chaque être, est de l'art. Variété infinie ! Est-ce que les corps s'allongent ou se tordent de la même manière pour souffrir, aimer, dormir, songer, mourir ?

Du coup, M. Rodin avait trouvé le moyen de renouveler la sculpture. Il libéra les gestes et les attitudes. Ainsi Hugo libéra les vers et les hémistiches, prouvant que, dans le moule de l'alexandrin, qui semblait strict, on pouvait diversifier le rythme à l'infini. Ainsi M. Rodin, de son côté, diversifia les lignes avec une variété sans fin qui ne dérive que de sa lucide observation et de son visionnaire amour de la Nature.

Car il ne s'agit jamais chez lui d'intentions littéraires ou de symbolismes, comme les mal clairvoyants, l'ont pu croire. Il ne s'inquiète que de la Nature. Il affirme à bon droit ne s'inspirer que d'elle, et prétendre uniquement à l'interpréter, voire à la copier. On s'étonne... Mais c'est par là précisément qu'il est un grand artiste. « L'art, c'est cette étoile ; je la vois, et vous ne la voyez pas ! » disait déjà Préault. M.

Rodin a, pour voir la Nature, des yeux que nous n'avons pas, et que les artistes ordinaires n'ont pas non plus. C'est le propre des maîtres d'apercevoir des analogies qui échappent aux autres.

Le poète, lui, découvre les rapports mystérieux des idées, les analogies dans les images et il les exprime par le rythme. Ce rythme est le même dans tout l'Univers. Le vent dans les arbres, la mer sur les grèves, le battement d'un sein de femme, vont *selon le même rythme*.

L'art, de son côté, a pour objet les analogies dans les formes et les exprime par le modelé. Or M. Rodin découvrit cette loi que — comme le rythme est le même dans tout l'Univers, — il y a aussi dans la Nature intime *le même modelé*. C'est-à-dire une semblable alternance de creux et de bosses, qu'il s'agisse du rocher, du caillou, de l'arbre, de l'animal, de l'homme. La lumière y est intermittente, joue, se distribue pareillement. Et ce modelé uniforme de la Nature n'est jamais égal. Si on prend un fruit, par exemple et qu'on le fasse tourner sur lui-même, comme la terre tourne, on remarque que chaque profil diffère. Cette grande loi de la Nature, M. Rodin l'a appliquée à toutes ses figures, qui en tirent leur suprême accent de vie. On comprend ainsi certains de ses torses humains, pareils à des ceps noueux, à des écorces d'arbres. Et cette figure extraordinaire, qui doit servir pour son monument de Victor Hugo au Panthéon, et sera une Muse surplomblant, au vol horizontal : un buste et un ventre de femme, rien que cela ; mais c'est assez pour suggérer tout le paysage de la chair, comme un site choisi par un peintre suggère tout un pays et toute la nature. Etonnant morceau qui offre, lui aussi, cette loi du même modelé de toute la Nature. Modelé violent que celui-ci, tumultueux et minutieux, chair ravinée comme une grève, corps bossué comme une roche, avec des creux et des reliefs accumulés. Le modelé des autres sculpteurs, auprès de celui-là apparaît un *modelé primaire*, se contentant, avec ses surfaces presque lisses, de donner l'aspect approximatif des corps, et plutôt la musculature générale que la vérité de la chair, impressionnable comme une eau qui sans cesse se crispe et change de place en place.

Si M. Rodin a pu découvrir cette grande loi de la Nature (inaperçue des autres hommes, même des artistes plus inférieurs) qu'elle offre partout le même modelé, c'est qu'on peut dire d'un artiste comme lui qu'il vit de plain-pied avec la Nature. Il s'égale à elle. Il est lui-même *une force de la Nature*; et ceci pourrait bien être la définition la plus exacte de tout homme de génie. Dans ce cas, le génie de M. Rodin est évident. Il créé comme la Nature. D'abord il agit selon ses procédés puisqu'il est d'accord avec son modelé — (de même qu'un écrivain de génie est d'accord avec son rythme, toute belle phrase, tout beau vers, ayant le même rythme que la mer, la forêt, la respiration humaine suspendue à des seins de femme). Ensuite, il a, comme la Nature, une variété infinie. La Nature jamais ne se recommence. Ni non plus l'homme de génie qu'est M. Rodin. Lui également crée depuis la fleur jusqu'à l'élément, c'est-à-dire depuis une petite figure de nymphe, au corps comme une tige, jusqu'à son Balzac aussi tumultueux que la mer... Mais la variété n'est pas suffisante sans la fécondité, autre trait de la Nature, autre signe du génie. Or M. Rodin a produit avec une abondance inlassable et vraiment déconcertante. On se demande comment un seul homme y a pu suffire. Et c'est bien vraiment, et plutôt, une force cosmique qui crée ainsi. Des centaines d'œuvres, déjà produites et célèbres ; et des centaines encore, qui demanderaient à être exécutées en grand, quoique toutes définitives dans leurs proportions réduites. Même les notes de l'artiste, c'est-à-dire d'innombrables figures, esquisses, maquettes, ces notes, qui, d'ordinaire, lorsqu'il s'agit d'autres sculpteurs, sont incomplètes et ne servent que pour eux-mêmes, apparaissent, quant à lui, définitives et réalisées, même pour tous. Ainsi encore fait la Nature, dont les ébauches, même incomplètes, sont parfaites.

Un autre caractère de la Nature, c'est que, chez elle, la puissance est en même temps de la douceur. Un paysage vaste de plaine ou de forêt est grand. Il est doux aussi. C'est pourquoi il est reposant. On retrouve ce caractère dans les figures de M. Rodin où la vigueur s'allie à de molles flexions de lignes, à un modelé qui frémit comme d'un souvenir de caresse. C'est dans ce cas-là que son art se recueille, oblige à parler bas, devient en quelque sorte sacré. Telle cette figure de l'homme qui baise son enfant ; ou celle du réveil d'Adonis, dont une nymphe écoute le cœur battre, si grave !

Ses œuvres ont encore cette autre ressemblance avec les créations de la Nature, c'est d'apparaître *sans date*. L'histoire, la légende, des nymphes, des monstres marins, des corps humains, tout ce qui est, tout ce qu'on rêva et qui, par conséquent, est aussi, tout l'Univers physique et cérébral, constitue la matière de son art ; et, comme la Nature, il est contemporain de tous les temps... Il y a une figure de lui bien étonnante à cet égard ; une tête d'homme, borgne, une oreille déchirée, accourant vers celui qui le regarde, juif-errant des siècles, la bouche ouverte dans une clameur de fou qui semble crier depuis deux mille ans et criera encore dans deux mille ans.

Un jour, nous avons senti, par une sorte de

minute résumatoire, combien il est vrai de dire
que M. Rodin s'égale à la Nature et en fait partie,
pour ainsi dire... Pour mettre en évidence un
fragile groupe : trois petites femmes nues en-
lacées et dansant comme au tournoiement d'une
étoile, il les posa sur un vieux vase gallo-romain
(elles étaient censées représenter l'esprit du
vase). Pour équilibrer celui-ci, l'artiste l'en-
toura, à la base, de fruits qui se trouvaient là,
par hasard, des coings sur leurs branches encore
feuillées ; il étançonna le vase de terre rose, avec
les belles pommes d'un jaune de couchant. Le
frêle groupe de plâtre, au-dessus, dansait. Des
fils de toiles d'araignée rejoignaient les bras,
comme des fils de la vierge les trois roses blanches d'un même rosier. Un papillon s'y était pris,
on ne sait quand et, mort, gisait... Agencement
merveilleux... Tout cela constituait un poème
de nature, comme *né ainsi*. L'œuvre de sculpture n'était que la partie d'un tout, un fragment
de ce poème de nature, semblable au reste... Et
les mains craintives de M. Rodin entouraient le
fragile accord de tout cela, le prolongeaient,
avaient l'air d'en faire partie encore un peu, de
commencer seulement à s'en séparer, comme un
créateur de sa création.

Puisque M. Rodin est si conforme à la Nature,

il devait nécessairement accorder à l'amour dans son œuvre la même importance capitale qu'il a dans la Nature elle-même. Parce que son art est humain, parce qu'il a introduit la passion dans la sculpture (devenue drame au lieu de tragédie) il choisira plutôt les paroxysmes de l'amour et de la volupté. Mais il connaît et exprime tout l'immense clavier, depuis l'idylle ingénue jusqu'aux frénésies de la pire luxure. Dans le *Baiser*, hymen auguste, groupe admirable du couple éternel qui s'enlace, il mène l'amour jusqu'à l'attitude sacrée... Fonction de la Nature. Loi des espèces... Tout fait silence autour... L'amour se hausse à une majesté... L'amour, ici, est religieux. L'homme enlace si tendrement. La femme s'abandonne si chastement... Toutes les lignes du groupe se fondent... On ne distingue plus l'homme de la femme. Unité du couple... Mystère de la Sainte Dualité...

A l'opposé de cette conception de l'Amour, selon la Nature elle-même, toujours chaste et noble, M. Rodin exprima l'amour selon les hommes, c'est-à-dire tel que l'ont déformé les passions, les fièvres, l'hérédité, l'alcool, la maladie, la tristesse, l'ennui, la cruauté, la curiosité. Il a rendu l'amour éternel, mais aussi l'amour actuel. Haillons humains tremblant et claquant comme des drapeaux dans le vent de la concupiscence ! Ah ! comme il les fixe, cet extraordinaire sculpteur, les affres du désir ! C'est l'immortelle douleur du couple de la Génèse, uni, séparé, et qui se cherche, se perd, se retrouve, se réunit, se hait entre des baisers ayant le goût des larmes. Les voilà, les amants innombrables : torses, croupes, seins et lèvres mêlés — et si voraces l'un de l'autre ! Cent scènes inventées par le sculpteur où la sensualité terrible, crie, étreint, jouit, en des contorsions qu'on dirait plutôt celles du désespoir ou de l'agonie. Ici surtout s'atteste la prodigieuse observation de l'artiste qui a l'air d'inventer des gestes inédits, des attitudes variées et sans fin, mais en réalité, aurait pu les voir et ne fit qu'en deviner la quotidienne réalité. La mimique de la volupté est infinie. Et elle est toujours belle puisqu'elle est conforme à la Nature. M. Rodin en fixa quelques aspects, assez pour rompre avec les poncifs sentimentaux en cette matière et apprendre aux sculpteurs futurs qu'il y avait là à trouver des figures sans fin, rien qu'en suivant docilement l'exemple humain.

Ici, un couple heureux sur un monstre marin, absorbé dans son bonheur, insoucieux du péril et de la mort qui est toujours de l'autre côté de l'amour ; là, une figure qui est une femme aux gestes crispés, à l'épine dorsale comme un arc détendu, prostrée par quelque brusque adieu ; là encore, une vieille, le ventre bossué, qui attend, lubrique encore. Voilà un groupe effrayant : la *Tentation de saint Antoine* ; le moine est couché tout de son long ; la tête est souveraine, elle regarde la terre. Toute l'importance est dans la partie basse du corps, énorme et qui bombe sous le froc ; par-dessus, une femme, nue et serpentine, se prélasse ainsi que sur une bête vaincue ; et le saint, en effet, est accroupi, comme dans un commencement, déjà, d'animalité. Voici surtout, plus terrible encore, une autre œuvre : le groupe d'un amant acharné à l'amante et qui se traîne après elle, cramponné à ses seins comme à des clous, martyr, en rut de sa croix ! Obstination aveugle ! Supplice d'un couple désapparié, où l'un des deux cessa d'aimer ! Spectacle tragique... Oh ! ces pâles marbres, ces nocturnes bronzes, témoignage de nos passions fixé par le sculpteur, et qui attestent à l'humanité effarée que l'amour, au fond, est tragique et ressemble surtout au malheur.

Il y a loin de ces figures à celles du *Baiser*. Celle-ci, c'est l'hymen des premiers jours du monde, des aubes où la nature et l'humanité étaient jeunes. Ivresse d'Adam et Ève ! Couple en accord parfait, que tout couple, aujourd'hui, n'est plus qu'une seule minute dans le cours de son amour. Après, viennent les tourments que les amants se créent à eux-mêmes, ou que leur suscitent l'appauvrissement du sang, les nerfs, les vices, la frénésie de leur désir même. Alors ce sont les étreintes fiévreuses, les corps cabrés par le fouet des excitants, vins et drogues, les enlacements jaloux et fous, les caresses qui s'évertuent après un nouveau péché, les passions équivoques. M. Rodin, notateur de la volupté, est allé jusqu'au bout. Il a suivi l'humanité jusqu'en les pires erreurs et délires des sens, là où on aboutit aux étreintes dans le vide, aux coupables délices d'Onan ou de Lesbos. Les artistes japonais, les sculpteurs des cathédrales étaient, ici, pour lui servir de précédents et de caution.

Il y a surtout, de lui, dans ce sens, une récente et merveilleuse collection de dessins qui sont des déconcertantes synthèses, des nus enlevés d'un trait instantané où la gouache a précipité le ton nuancé de la chair, toute une humanité féminine, avec des afflux obèses, des maigreurs extrêmes de décadence, seins boursoufflés, gorges comme des grappes de raisins sucés, cuisses aux ampleurs d'animaux, hiératismes comme d'idoles, accroupissements comme de sphynx. Toute la beauté du corps ici ; et, là, tout le ridicule frileux du nu. Mille attitudes encore une fois, depuis la pose ingénue d'une vierge sans voiles qui songe, jusqu'au cabrement d'une femme damnée que son plaisir solitaire tord sur la blancheur du papier comme sur un lit.

Dans la notation de ces étranges aspects de la passion, M. Rodin ne cesse pas d'être selon la Nature, laquelle connaît aussi les déformations. Et la preuve c'est qu'ici encore son art est sans date, caractère qui marque les œuvres de la Nature et marque aussi les siennes, même celles de cet ordre. Si peu datées, qu'on pourrait croire, quant à ces dessins, gouachés, à des peintures venues de quelque temple d'Assyrie ou d'une cellule libidineuse de Pompéï... Peinture murale, vieille de siècles, et reportée par on ne sait quel miracle égal au rentoilement, sur un bristol d'aujourd'hui.

*
* *

M. Rodin n'a pas seulement exprimé l'amour ; mais toutes les passions. Son art va plus loin que les cas. Il s'agrandit à la beauté de l'idée générale, à une philosophie de la vie, dans son admirable *Porte de l'Enfer*, qui, elle aussi et encore une fois, n'a rien de contemporain et de contingent, déroule la permanente Humanité. C'est un tableau des Passions, toutes les passions, regardé par la grande figure qui est au sommet et représente, non pas même Dante, mais le poète éternel, pensif et nu, en communion avec ce que Baudelaire appelait « le spectacle ennuyeux de l'immortel péché ». C'est, en effet, du Baudelaire sculpté. Porte d'entrée du Jardin des Fleurs du Mal autant que Porte de l'Enfer. Ici roulent pêle-mêle, comme des pentes mêmes de la vie, les inquiets du désir, les maudits de la luxure, les déchus de l'orgueil, les damnés de l'avarice, les repus de la gourmandise, les congestionnés de la colère, les amaigris de l'envie, toutes les victimes des vices capitaux. Porte pleine de péchés! Porte qui est une treille satanique, le répertoire des passions, l'examen de conscience de l'Humanité.

*
* *

Mais l'art de M. Rodin n'a pas connu que les passions et leurs paroxysmes. Il eut ses heures de cérébralité, de sérénité auguste. A côté de Baudelaire, il y a un Michelet. Ce sculpteur fut aussi un historien. Et précisément un historien à la Michelet. Même son modelé, dans ce cas, procède par raccourcis fulgurants, par bonds fiévreux, avec de grandes sautes comme celles du vent sur une eau. Ainsi il présenta avec une éloquence pathétique, l'épisode grandiose des *Bourgeois de Calais*, emprunté à Froissart, groupe admirable où l'on voit les six hommes, nu-tête et pieds nus, aller vers Edouard, roi d'Angleterre, sur un plan uniforme, sans le mélodrame des gestes, dans la grandeur de la douleur humaine. Il fut encore historien en son monument de Victor Hugo qui est une biographie supérieure du poète. Est-ce que le visage qu'il nous donne n'est pas plus explicatif que les plus longs tomes de critique? C'est le visage d'un élément, le visage de quelqu'un qui a l'air plus grand que l'humanité, offre un aspect minéral ou végétal, semble plutôt appartenir à l'éternité de la nature. Visage sourcilleux que celui du poète avec son front de pierre, ses sourcils de gramen, sa barbe d'herbe sauvage. Et la magnifique ligne hardie de la jambe, qui s'allonge et se prolonge comme la racine d'un arbre! Il est figuré devant la mer, ce propice Océan au bord duquel il vécut dans l'exil et qui agrandit le génie du poète jusqu'à la proportion de lui-même. Autour les Muses diverses. Mais non pas à l'état de Muses allégoriques; des femmes plutôt; non des apparitions, mais des présences, toujours fidèles, toujours chuchotantes... L'une, surtout, est d'une beauté, d'une nouveauté uniques : celle qui détient le secret des « Voix intérieures », discrète, pudique, vêtue des mousselines du brouillard, recroquevillée, comme ayant l'air de couver des vers qui n'ont pas encore d'ailes... Les autres sont la Muse tragique, la Muse lyrique. On dirait une scène de légende. Mais ce qui y domine, c'est quand même l'humanité de Victor Hugo, ressemblant et textuel, tel que l'artiste nous l'avait déjà fixé, auparavant, dans deux étonnantes pointes sèches.

Car M. Rodin, fut portraitiste aussi, si on peut dire. Il a fait d'expressifs bustes : de Puvis de Chavannes, de M. Octave Mirbeau, de quelques femmes, dont l'une, au Musée du Luxembourg, s'offre dans le marbre blanc avec une grâce si royale et si calme.

Mais où il fut surtout historien, c'est dans sa statue de Balzac. On n'oubliera pas de longtemps les clameurs que cette œuvre hardie suscita. On peut dire cependant qu'elle ne faisait que continuer toute l'œuvre antérieure du sculpteur, ce progressif acheminement à plus de synthèses et qu'elle n'en est, en somme, que l'aboutissement et la tumultueuse conclusion. Ici surtout il s'est montré un historien à la Michelet, c'est-à-dire un historien visionnaire, se préoccupant moins de vérité littérale et de ressemblance que d'évocation et de suggestion. C'était le seul moyen pour susciter devant les foules à venir le déconcertant génie qu'est Balzac. Lui aussi, autant que Victor Hugo, il fallait le représenter avec un visage comme un élément. « Oui, s'est dit le sculpteur, tel est le visage qu'il convient de faire ! Le corps, négligeons-le ; c'est la masse quelconque, la part commune avec l'humanité. Il suffit de le sous-entendre, de l'indiquer. Tous les statuaires pourraient le faire, et moi aussi. Le visage seul importe, *non pas* un visage humain, ni le mien, ni le vôtre, ni même celui de Balzac; mais celui qu'il eût *quand il a regardé tout ce qu'il a vu.* Pensez donc : avoir vu la comédie humaine! Avoir vu les personnages de tant de romans qu'il a écrits, et les personnages de tant d'autres qu'il aurait écrits s'il n'était pas mort à cinquante ans, car il en avait vu, de la vie, pour écrire encore, jusqu'au bout, pendant des siècles, comme Delacroix mourant, qui disait avoir des projets pour peindre pendant quatre cents ans. Il avait vu toute la vie, toutes les passions, toutes les âmes, tout l'Univers. La terreur d'avoir vu tout cela, — et l'angoisse aussi! Car ce n'était que pour un moment; il fallait tout dire, vite. La mort prématurée était là... Elle était déjà sur son visage. Voilà le visage qu'il faut rendre, n'est-ce pas? Voilà ce que doit être la statue d'un homme comme Balzac, dans l'éternité de Paris — sinon il y a le daguerréotype de Nadar : Balzac avec des bretelles!... »

Ce point de vue, conscient ou non, du sculpteur, peu s'en sont rendu compte. Et cependant il était le seul qui fut d'accord et *logique* avec le sujet imposé. Etait-il possible de concevoir l'effigie de Balzac comme d'un écrivain ordinaire? M. Rodin l'a vu énorme et effrayant comme il est en réalité. Et c'est la tête seule qui exprime dans ce cas, avec éclat, le démon intérieur. En elle, il fallait, ici, tout concentrer. Le corps, quoique juste, fut volontairement sous-entendu et noyé aux plis de la vaste robe de bure dont il s'enveloppait comme des vagues d'une marée. La tête en sort, effarée de voir ce qu'elle voit, effarée surtout d'affleurer la vie pour un temps bref, visage du génie sorti de la matière et qui va rentrer dans la matière, — il lui en roule cette poire d'angoisse à la gorge ! — lui-même un masque éphémère résumant tous les masques de la comédie humaine.

Qu'on ne cherche donc pas ici la ressemblance, mais une dramatique évocation. La face est formidable, les yeux clignent, se crispent, vrillent parmi les graisses du visage, parfois ont l'air de chavirer comme sous le poids de trop de spectacles. Et ce nez embusqué ! et cette moustache qui se hérisse comme d'un fauve, d'un chat sauvage, d'un tigre qui cherche des proies... Et cela n'est-il pas conforme à toutes les images suscitées en nous, dès qu'on prononce seulement le nom de Balzac, à plus forte raison quand nous réfléchissons sur son œuvre extraordinaire, sa vie, son immortalité sans fin ? Un homme comme lui dépasse si effrayamment la norme et le cadre habituel de l'humanité. Les génies sont moins des hommes que des monstres. Voilà ce que M. Rodin a compris et rendu si magnifiquement. C'est pourquoi il a voulu que son œuvre aussi fût moins une statue qu'une sorte d'étrange monolithe, un menhir millénaire, un de ces rochers où le caprice des explosions volcaniques de la préhistoire figea par hasard un visage humain. On montre ainsi, en des montagnes des bords du Rhin et d'ailleurs, tels profils célèbres de l'humanité, celui de Napoléon, par exemple, immense et très ressemblant, tout découpé sur l'horizon, préexistant ainsi avant sa venue et de toute éternité. Étrange phénomène, comme si les génies étaient vraiment des aspects de la Nature et les visages immanquables de la Destinée. Ainsi M. Rodin, en concevant de cette façon son Balzac, concordait avec l'ordre éternel et la logique même de la fatalité du génie. Sa statue aussi fait penser aux visages qui sont dans les rochers.

*
* *

Et ceci, une fois de plus, prouve que M. Rodin crée comme la Nature. Même dans la présentation de ses œuvres, on retrouve les procédés de la Nature. Ses marbres sont frustes, taillés seulement d'un côté, et il en sort des figures, tantôt une face ruinée par la douleur, une autre s'ébrouant vers l'amour, une autre encore, qui n'est pas décidée à vivre. Ses bronzes réalisent le même effet, par des coulées sans accent, alternées avec des formes décisives qui en émargent; d'étranges patines, vertes et noires, donnent l'air à ces bronzes d'avoir séjourné durant des siècles parmi la houille et les poisons... Tout est vague, inquiétant, complexe, fuyant ou formel, dans le marbre ou le bronze, comme des pensées dans le cerveau ou les êtres et les objets dans la Nature.

Et c'est la dernière preuve qu'un tel artiste de génie opère vraiment d'un bout à l'autre, conformément aux procédés de la Nature, qu'il s'égale à elle, qu'il est aussi une force de la Nature. On en trouve le symbole, fixé par lui-même, dans cette esquisse de la naissance d'Ève, selon la version de la Genèse. Ève est représentée naissant comme la Nature fait naître, les bras repliés, recroquevillée, dans la position d'avant la vie, celle prise par l'enfant dans le sein de la mère... M. Rodin l'a fait sortir telle du néant, parce que, inconsciemment, il n'a jamais agi que suivant les formes de la Nature, parce qu'il n'a jamais créé que comme le symbolique Créateur — avec de l'argile aussi !

TABLE

ÉCRIVAINS

	Pages.
Baudelaire	3
Les Goncourt	27
Stéphane Mallarmé	45
Les Rosny	55
Verlaine	67
Villiers de l'Isle-Adam	79
Hugo	87
Alph. Daudet	99
Valmore	109
M. J. K. Huysmans	121
Lamartine	131
M. Octave Mirbeau	143
Brizeux	158
M. Anatole France	167
M. Mistral	179
M. Pierre Loti	187

ORATEURS SACRÉS

P. Monsabré	199
Mgr d'Hulst	209

PEINTRES

M. Puvis de Chavannes	219

	Pages.
M. Albert Besnard	225
M. Eugène Carrière	241
M. Jules Cheret	247
M. Claude Monet	253
M. J.-P. Raffaëlli	259
M. James Whistler	265

SCULPTEURS

M. Rodin	273

www.ingramcontent.com/pod-product-compliance
Lightning Source LLC
Chambersburg PA
CBHW071132160426
43196CB00011B/1869